마르쿠제의 『일차원적 인간』 읽기

세창명저산책_039

마르쿠제의 『일차원적 인간』 읽기

초판 1쇄 인쇄 2015년 12월 1일
초판 1쇄 발행 2015년 12월 5일

—

지은이 임채광
펴낸이 이방원
기획위원 원당희
편집 윤원진·김명희·이윤석·안효희·강윤경·김민균
디자인 손경화·박선옥
마케팅 최성수

—

펴낸곳 세창미디어
출판신고 2013년 1월 4일 제312-2013-000002호
주소 03735 서울시 서대문구 경기대로 88 냉천빌딩 4층
전화 02-723-8660   팩스 02-720-4579
이메일 sc1992@empal.com
홈페이지 http://www.sechangpub.co.kr/

—

ISBN 978-89-5586-409-0 03160

이 도서의 국립중앙도서관 출판시도서목록(CIP)은 서지정보유통지원시스템 홈페이지(http://seoji.nl.go.kr)와
국가자료공동목록시스템(http://www.nl.go.kr/kolisnet)에서 이용하실 수 있습니다.
CIP제어번호: CIP2015031953

_ 표지 이미지 출처: Copyright holder: Marcuse family, represented by Harold Marcuse
　　　　　　　　　(http://www.marcuse.org/herbert/booksabout.htm)

세창명저산책_039

Herbert
MARCUSE

임채광 지음

마르쿠제의 『일차원적 인간』 읽기

세창미디어
MEDIA

머리말

마르쿠제는 우리가 살고 있는 오늘날의 산업사회를 부자유하고 억압된 사회로 규정한다. 선진 문명사회는 돈과 기술이 집약된 사회이다. 경제적으로는 풍요해졌고 개인적 차원에서는 첨단 기술로 인한 자유로움이 확대되는 추세이다. 이처럼 문명의 혜택을 누리고 살아가는 현대인은 안락하며 풍요롭고 합리적인 사회를 구가한다. 그렇지만 부자유하다. 왜일까? 바로 돈과 기술 때문이다. 현대인들은 정치나 사회의 민주화를 통해 이전 사회에 비해 훨씬 민주적이고 합리적인 체계를 갖추고 있다. 그렇지만 마르쿠제는 이와 같은 현대사회의 이면을 보며 오히려 '부자유의 확장'을 경고한다.

20세기에 인류가 맞이한 가장 큰 축복이자 재앙은 아마도 '기술의 진보'가 아니었을까? 하늘을 날고 싶어 했던 라이트 형제의 꿈, 신의 은총으로나 가능했던 물 위를 걷는 일이나 달나라로의 여행까지 비행기, 배 그리고 우주선은 그와 같은 인간의 소망과 꿈을 현실로 만들어 냈다. 기술적 진보는 아놀드 겔렌Arnold Gehlen의 주장대로 인간의 생물학적 결핍을 보충하고 마침내 '탈부담Entlastung'에까지 이르게 해 줄 희망으로 간주되었다. 그리고 인간은 오랜 숙원이었던 풍요와 자유를 약속해 줄 믿음직하고 강력한 후원자를 찾은 듯하였다. 그러나 동시에 기술 발전의 소산인 원자탄과 대량살상무기의 개발 그리고 무차별적 성장 위주의 산업문명으로 인해 자연이 파괴되고 증가되는 전쟁의 위협이나 국가별 빈부갈등, 신종 질병 등 인류가 오랜기간 보유하였던 염려와 두려움으로부터 자유롭지 못하게 되었다. 오히려 기술의 진보가 제공하는 축복 이상으로 심각한 사회-문화적 재앙이자 인간의 실존을 위해 해결해야만 할 과제를 안게 되었다.

『일차원적 인간』[1]은 1964년 마르쿠제가 미국에서 생활하

---

1 Herbert Marcuse, *One-dimensional Man. Studies in the Ideology of Advenced Industrial Society*(1964), 독어판은 *Der eindimensionale Mensch: Studien zur Ideologie der fortgeschrittenen Industriegesellschaft*(1967).

던 시기에 처음 작성되었다. 이후 3년이 지난 1967년 독일어로 번역되면서 문화적 대변혁기를 맞은 독일과 유럽 일대에서도 읽히게 되었다.

막스 호르크하이머Max Horkheimer와 테오도르 아도르노Theodor W. Adorno는 일찍이 1947년 암스테르담에서 출간된 『계몽의 변증법』[2]에서 현대 산업문명과 그로 인해 양산되는 소위 '문화산업'의 역설적인 상황을 다음과 같이 설명하였다. "경제적 생산성의 향상은 한편으로 정당한 세계적 기반을 만들어 놓았다. 동시에 인간을 다루는 기술 장치와 사회 조직들이 여타 사람들 위에 무리하게 군립한다. 개인은 경제

---

2 『계몽의 변증법(*Dialektik der Aufklärung: Philosophische Fragmente*)』(Max Horkheimer u. Theodor W. Adorno, 1947)은 원래 1939년부터 1944년 사이에 당시 미국에서 유배생활 중이었던 호르크하이머와 아도르노 사이에 오간 대화 내용을 아도르노의 부인이었던 게르텔 아도르노(Gertel Adorno)가 정리한 것으로, 1944년에 「철학적 단편들(*Philosophische Fragmente*)」이란 제목에 "프리드리히 폴록의 50번째 생일을 기념하여(Friedrich Pollock zum 50. Geburtstag)"란 첨언을 기재하여 뉴욕 사회연구소의 연구자료 형식으로 발행하였다. 이 자료를 아도르노가 수정 보완하고 『계몽의 변증법: 철학적 단편들』이라고 제목을 고쳐 1947년 네덜란드 암스테르담에 위치한 쿠베리도 출판사(Querido Verlag)를 통해 호르크하이머와 아도르노 공동명의로 공식 출판하게 된다.

적 권력 앞에서 철저히 무기력해지며 그렇듯 자연을 짓누르는 사회적 폭력이 어디까지 미칠지 감 잡을 수조차 없어졌다."

거대한 문화적 체계 속으로 개인은 의식적 또는 무의식적으로 빨려 들어가 그것을 삶의 전체로 삼았으며 인격성은 사라져 버린다. 그러나 산업시대의 총체적 메커니즘 안에서 일종의 '도구'로 전락한 개인과 이성은 그러한 사실 자체를 일종의 자신의 숙명으로 받아들이는 데까지 이르렀다.

그 후 17년이 지난 1964년 이미 후기 산업사회로 접어든 미국 산업문명을 바라보며 마르쿠제 또한 『일차원적 인간』에서 그들과 유사한 진단을 내놓게 된다. 그는 그러한 사회의 뒤편엔 제도적으로 교묘히 조작되어 현대 기술문명을 조장하는 '기술적 합리성'이 깔려 있다고 보았다. 그는 우선 현대사회의 합리성에 이중적 의미를 부여하는데 그중 하나는 과학적 경영과 노동 분업을 토대로 경제·정치·문화적 측면의 원활한 운영, 이를 통한 강력한 생산성 향상 그리고 이로 인한 높은 생활 수준의 획득이다. 동시에 더 이상 파괴적이거나 험악할 수 없을 정도의 기업적 사유와 공작이 합리적 경영이라는 가면을 쓰고 정당화되는 결과를 수반하였다는 것이 그가 부여한 또 하나의 의미이다. 그리고 새로운 과학 기술의 합리성이 사회적 정당성을 취득해 내며 이를 지탱하는 조직들은 사회적 지배의 새로운 양식이자 개인의 삶의 전체로 등장한다는 것이다.

『일차원적 인간』은 선진 산업사회가 현대인들에게 부여하는 풍요와 부자유, 개인의 행복과 소외, 사회적 진보와 자연에 대한 착취구조 사이의 모순에 대한 탐구 보고서이다. 이 책이 당시 베스트셀러가 되자 베트남 전쟁과 맞물려 자본주의적 선진문명에 대한 비판적 논의가 활발했던 유럽과 미국 등지에서 자주 언급되었다. 저자인 마르쿠제는 종종 대학교 시국행사에 강사로 초청되기도 하였다. 그의 유명세는 이후 사회구성체 논쟁으로 어어져 칼 포퍼Karl Raimund Popper나 아놀드 겔렌 그리고 위르겐 하버마스Jürgen Habermas 등과의 논쟁에서도 지속되었다.

기술적 대중문화로 인하여 개인의 삶은 더욱 윤택해지고 안락해졌다. 그러나 기술문화의 발달과 그 귀결로 등장한 환경 파괴나 전쟁의 위협 등 사회적 현실은 대중문화의 모순을 단적으로 보여 준다. 마르쿠제에 의하면 이와 같은 모순된 현상은 기술의 진보와 그 사용에 있어서 "인간과 자연이 전적으로 소외되어 있다"는 데에서 유래한다. 현대 산업 사회의 주체로 등장한 기술문명의 논리는 제도화 과정을 거치며 최초에 인류와 문화의 건설자였던 '인간', 그의 생산 능력을 밀쳐 낸다. 또한 활동의 대상이자 모태였던 '자연'까지도 진보된 기술문화의 유산들로 대체되기에 이르렀다.

마르쿠제는 이와 같이 모순된 사회적 현상의 배후에 '기술적 합리성'이 지배의 이데올로기로 자리하고 있다고 진단하고 기술산업사회의 비합리적 구조를 분석한다. 그 내부에 자리하는 산업사회의 논리는 사회 내 구성원들 사이의 합의과정을 거치며 각 개인들에게 각인되고, 소위 '제도화된 합리성'을 획득한다. 이런 과정을 거치며 조직되는 기술사회의 논리는 경제·기술 발달의 논리적 정당성이 개인의 사적 공간과 생활영역 깊숙이 침투하도록 도우며 그러한 제도적 원칙에 따라 조종, 간섭하는 방식으로 그 '정치적' 특성을 형성한다.

소위 '진보적 산업사회'라는 정치화된 목표를 전면에 세우고 등장하는 제도적 합리성은 제도 내적 논리 외에 개인의 욕구나 이성이 추구하는 어떠한 가치도 인정하지 않는 '일차원적' 논리를 강요한다. 그뿐만 아니라 여타의 어떠한 다양한 정신적 의미나 가치라 하더라도 닥치는 대로 흡수, 소멸시키며 이러한 일련의 과정들까지도 스스로 정당화한다. 인간과 자연의 중립화와 경제적 효용가치의 제도적 지배가 그것인데 그는 이와 같은 사회를 '전체주의'로 규정한다. 마르쿠제의 기술사회에 대한 비판은 당시 유럽 지성인들에게 적지 않은 파장을 일으켰다. 그중에서도 프랑크푸르트학파의 후계자임을 자임했던 위르겐 하버마스의 비판적 분석은 제도와 기술 개념을 둘러싼 시각 차이를 선명히 보여 주기에 주목할 만하다.

| CONTENTS |

1장

마르쿠제 그리고 『일차원적 인간』

마르쿠제는 1898년 7월 19일 베를린에서 유대계 독일인으로 태어났다. 정치적 격변기를 맞아 그는 독일과 미국을 이주해 가면서 살다가 1979년 독일의 슈타른베르크에서 사망하였다. 마르쿠제는 철학자이자 문화이론가였다. 아도르노, 호르크하이머와 함께 비판이론을 대표하는 철학자의 한 명으로 꼽힌다. 마르쿠제가 자신의 저술과 철학적 작업의 핵심 과제로 삼아 온 것은 한편으로는 이 시대를 사는 현대인들의 실존적 지위와 사회적 구조에 대한 분석이었으며, 다른 한편으로는 현대사회의 구조적 모순을 해명하여 그에 따른 대안을 제시하는 것이었다.

마르쿠제가 생각하는 '철학'은 인간과 세계에 대한 존재론적 또는 현상에 대한 해명 자체에 그치지 않고 보다 인간적인 그리고 평화로운 삶을 영위하는 길을 가르쳐 주는 일이었다. 인간의 일상은 곧 사회적 실천이자 역사적 사건이다. 사회적 현실에 대한 분석은 철학이 추구하는 핵심가치이자 과제이다. 그는 개인의 일상이나 문화현상의 분석과 해명을 사회비판이론의 중심 과제라고 보았다.

"문화는 도덕과 지성 그리고 미적 목표(가치)의 복합체이다.
사회는 사회적 조직의 목적이자 어떠한 가치를 향한 노력과
그 성과를 보여 주는 시금석이다."

그의 사회이론은 그 자신의 인생경로와 무관치 않게 전개되었다. 나치스를 피해 미국으로 도피했던 기간은 그의 사상세계를 전기와 후기로 가름하는 중요한 시기이다. 전기 철학은 1932년에 쓴 『헤겔의 존재론과 역사이론의 기초』[3] 이후 유배생활 이전까지의 시기이다. 그 당시 그의 철학적 관점은 하이데거와 후설의 깊은 영향 아래 성장하

였다. 마르쿠제는 1923년 두 철학자가 강의하고 있었던 프라이부르크 대학교에서 「독일의 예술가 소설Der deutsche Künstlerroman」이라는 제목의 박사학위 논문을 마쳤다. 그리고 6년여 기간 동안 베를린의 한 출판사에서 직장생활을 한 후에 다시 두 사람을 찾아 돌아온다. 비록 날로 보수화되어 가던 하이데거의 철학적 성향과 맞지 않아 중단하기는 했으나 당시에는 그들 아래에서 교수자격시험에 해당하는 'Habilitation' 과정을 이수하고자 하였다.

후설의 현상학이나 하이데거의 존재론과 함께 그의 사상에 큰 영향을 준 철학자는 마르크스Karl Marx였다. 특히 20세기 초에 발간된 마르크스의 유고작들은 당시 나치스를 위시로 하여 전개되던 억압과 독단의 권위주의 체계를 분석해 내고 그 논리적 배후를 규명해 줄 방법론으로 주목받게 된다. 『경제학 철학 수고』와 『철학의 빈곤』등 그때 출간된 자료들은 마르크스가 프랑스 체류시절 집필했던 메모들을

---

3 Herbert Marcuse, *Hegels Ontologie und die Grundlegung einer Theorie der Geschichtlichkeit*(1932).

모아 묶어 출간한 것이었다.

새롭게 발견된 마르크스의 유산들을 접하면서 마르쿠제는 인간과 세계에 대한 '인간학적' 시선에 매료된다. 마르쿠제 철학은 마르크스적 관점의 영향을 받은 이래로 '인간학'이 되었다. 그리고 그는 인간의 삶을 둘러싸고 전개되는 사회적 환경과 가치, 행위의 문제를 그의 철학 주제로 삼는다.

마르쿠제의 초기 연구활동은 사회연구소Institut für Sozialforschung에 가담하면서 본격화된다. 하이데거와 관계가 소원해짐과 함께 프라이부르크를 떠나게 된 마르쿠제를 후설은 사회연구소의 운영이사였던 리츨러Kurt Riezler에게 소개하고 취업 알선을 부탁한다. 그리하여 그는 리츨러를 통하여 호르크하이머와 인연을 맺게 되었는데, 당시 연구소장이었던 호르크하이머는 1년 후인 1933년에 마르쿠제를 불러 연구원 자리를 부여한다.

사회연구소는 정치 문제나 사회적 현상에 대한 연구와 분석을 그들의 주요 과제로 삼았다. 바이마르 공화국에서 나치스에게 권력이 이양되는 과정을 목도하였던 그들은 변동기에 쟁점이 될 수 있는 '독일의 전체주의화 논란, 권위주의의 문제, 전통과 근대적 형태의 가족문화의 문제' 등을 연구 대상으로 삼았다. 이 주제들은 사실 매우 실질적이고 정치적으로도 민감한 사안들이었다. 결국 그들은 연구활동 과정에서 나치스의 정치지형에 반대한 자들로 분류되어 1934년, 미국으로 망명하는 신세가 된다. 그들이 망명의 길에 오르게 된 원인은 한편으로 그들의 정치적 성향이 한몫을 차지했으나, 다른 한편으로 그들의 출생 문제도 무관하지 않았으리라 추정된다. 그들은 대부분 부모로부터 유대인의 혈통을 이어받은 자들이었다.

마르쿠제 철학의 후반기는 미국에서의 망명생활과 함께 맞는다. 그 기간 나치스를 피해 미국으로 망명길에 올랐던 호르크하이머와 아도르노 등 대부분의 학자가 다시 독일 대학으로 돌아와서 연구활동을 지속하거나 교편을 잡게 되지만 마르쿠제와 프롬Erich Fromm은 미국에 남아 후기 산업사회를 맞은 미국사회의 체계적 분석과 비판에 주력한다. 1950-60년대로 접어든 미국사회는 후기 산업사회의 전형적인 특징을 보여 준다. 1964년 처음 미국에서 출간된 『일차원적 인간』에서 마르쿠제는 미국사회를 '풍요'와 '부자유'

의 모순된 두 개념으로 특징짓고 있다. 마르쿠제는 '풍요'와 '안락'을 누리며 현대사회를 살아가던 각 개인의 삶이 왜 점점 더 극심해지는 소외감과 부자유에 시달리게 되었는지 묻는다.

마르쿠제를 포함하여 호르크하이머와 아도르노, 벤야민 Walther Benjamin과 같이 비판이론 초기의 사색가들은 사회적 모순과 위기를 극복할 수 있는 처방에 조건이 따른다고 보았다. 그들에 따르면 사회적 위기의 극복은 소위 근대이성으로 대별되는 과학과 기술의 축소된 경험의 제도화와 제도적 가치의 논리 그리고 그 배후에 놓인 경제제도의 강력한 억압에 대응하는 '자유로운 주관이성을 회복'할 수 있는지에 달려 있다고 보았다. 이는 제도와 지식의 양산체계로만 머물고 있는 제도권 철학에 대한 강력한 비판과 부정을 의미한다. 날로 거대해지고 조직화되어 가는 기술산업사회의 강력한 압박 속에서 개인의 자아와 이성적 판단의 권한은 날로 왜소해지고 제한되어 간다. 산업문화의 거대하고 막강한 지배 이데올로기 속에서 무기력해진 이성에게 주어진 선택권은 적어지고 형식화되어 간다.

이와 같은 상황을 바라보면서 초기 비판이론자들은 근대이성의 두 얼굴에 주목하였다. 한편으로 근대이성은 현대의 자본주의적 기술문명에서 발생한 다양한 병폐들을 합리적으로 해결해 낼 능력이나 대안을 이끌어 내는 데 주도적 역할을 감당할 능력이 있는가에 대하여 회의적이었다. 근대이성의 도구적 또는 일차원적 특성으로 인해 억압된 인간과 자연의 근본적 화해를 이루어 내는 것은 불가능하다고 보았기 때문이다. 그렇지만 근대적 이성의 한계와 무기력함에도 불구하고 현 사회적 문제의 해결을 위한 유효적절한 도구로서 이성 외엔 상상할 수 없다는 점도 외면할 수 없는 현실인 것이다. 초기 비판이론자들에게 근대이성은 일차원화되고 도구적 기능으로 전락한 한계인 동시에 이성의 본성이 보유하고 있는 '반성 가능성'에 기대를 걸 수밖에 없으며, 그로부터 출발할 수밖에 없는 총체적 절박함에 놓여 있었다는 점을 인정하였던 것이다. 대부분 이와 같은 관점에 동의하였으나 상황을 보는 관점에 따라 미세한 차이점을 보여 주는 비판이론자도 없진 않았다. 울리히 존네만 Ulrich Sonnemann이 그 대표적인 경우였다.

철학자이자 저널리스트로 활동했던 존네만에 의하면 이와 같이 암울하고 부정적인 현실은 인류의 출현 이후 늘 인간의 '생존'과 '자유'라는 문제에 직면하여 투쟁하여야 했던 일종의 존재론적 숙명과 무관치 않다. 다만 적대적 요소가 감추어진 기술산업사회의 제도화된 현실 자체가 이성의 '반성능력'을 망각한 결과로 보다 적나라하게 나타난 반증이란 것이다. 본래 반성하는 능력으로서의 이성은 철학적 사유의 대상인 인간과 그의 구체적인 생존 싸움의 장인 경험세계를 갖는데, 이러한 세계는 모순과 상호 적대적 관계로 야기되는 투쟁의 역사 그 자체이다. 이때 철학은 늘 그러한 모순구조를 극복하고 적대적 관계를 해소하는 방향으로 세계를 끊임없이 재해석하고 설명하였으며, 동시에 '변화 또는 전복'시키는 것이 중요한 과제라는 사실을 증명해내곤 하였다.

존네만에 의하면 철학의 이와 같은 이성 기능은 자본주의적 산업문명에서 드러내 보이고 있는 어두움과 망각된 자아의 자유로움에 대한 '기억을 되살리는 일'이며 '제도주의Institutionalismus'의 억압으로 야기된 몰이해와 맹목 그리고 억압된 실존적 현실을 폐기하고 '자발성'과 '판단력'을 회복하는 일이다. 이는 더 나아가 역사성을 지닌 주관의식의 회복이며 인간과 자연, 제도와 개인의 왜곡된 일상성의 회복이다. 이와 같은 의미에서 철학은 관념의 체계 그 자체에 머물지 않고 '실천'하고 사회를 변혁해 내는 능력이다.

비판이론이 지향하는 철학은 현실 속에서 우리가 경험하는 세계를 인간과 자연의 화해와 해방으로 이끄는 실천적 이론이다. 이와 같은 의미에서 철학은 왜곡된 일상성을 비판과 부정을 통해 바꾸어 내는 '비판과 부정의 인간학'이며 철학한다는 사실 그 자체가 '인간학적 혁명'이라고 존네만은 강조한다. 비판이성은 현실의 부자유한 세계에 내재하는 모순과 부조리를 들추어 내며 참된 현실의 본질과 대안을 암시하고 판별해 내는 기준이 된다. 이와 같은 입장은 현실비판을 철학적 연구의 대상으로 삼았던 초기 비판이론자들의 공통된 의견이었다. 그들은 비판이론에 대하여 현실을 단순히 설명하거나 변호하는 논리로서의 철학을 극복하고 '약육강식과 세계를 경험하는 장'이자 개인을 억압하는 제도적 권력의 막강한 힘을 고발하고, 이와 같은 현실로부터 해방될 수 있는 실마리를 제공하는 논리이자 실천적 이론이라고 보았다. 또한 이를 이성이 보유한 인간의 이성 근저에 위치한 '본성'이자 '능력'이라고 간주하였다.

마르쿠제는 인간의 이성을 일종의 '자연현상' 즉, '천성'으로 본다. 그의 '자연현상'이자 '천성'으로서의 '이성' 개념은 그의 독특한 인간관을 토대로 설명하고 있다. 그는 마르크스와 마찬가지로 인간의 정체성을 "자연존재의 역사적 실존을 위한 투쟁활동" 속에서 찾고 있으나 동시에 그러한 생존활동은 인간의 심리체계, 즉 인간학적 욕구구조와 긴밀히 연관되어 있다고 보았다. 인간의 삶에서는 삶의 욕구인 리비도의 자유로운 발현과 쾌락원칙Lustprinzip의 회복이 자연존재로서의 개인이 실존적으로 해방하는 데 관건으로 작용한다. 이는 성취욕의 노예이길 거부하며 조작된 쾌락의 질곡에서 탈피할 수 있는 능력이다. 마르쿠제는 이 차원을 '아름다움'과 '자유'의 동일한 영역으로 보았으며, 이는 프로이트와 마르크스의 철학을 수용하는 과정에서 나왔다고 이해되는 부분이다.

마르쿠제는 이 입장을 더욱 구체화하여 비판적 이성을

오늘날의 철학적 위기를 자초한 원인인 제도적 이성과 대립되는 개념으로 설정하고 그 특징을 다음과 같이 정리하고 있다.

첫째, 마르쿠제에게 있어서 이성이 참과 현실을 규명하는 심판자의 역할을 회복한다는 것은 억압적 지배 이데올로기의 조수로 전락한 자신의 지위를 '부정'하고 '비판'하는 자, 반성능력을 보유한 자로 거듭나야 함을 뜻한다. 이는 인간이 그 자신의 '구체적 존재 형식을 부정'하는 것으로부터 시작한다. 자신의 기호, 느낌, 생각, 판단 기준 등 삶 속에서 지니는 모든 일련의 의미와 가치 세계에 대한 부정이다.

정치적 지배세력에 속한 이들의 자기부정뿐만이 아니라 지배 이데올로기의 보호 안에서 굴종하는 '성숙되지 못한' 자아에 대한 반성이고 옳지 않은 현실 속에 타협하고 종속되어 있는 자신의 실존에 대한 부정이다. 현대사회의 위기 양식과 문제를 다루길 두려워하는 인간과 제도적 사회의 주류 학문이 갖고 있는 수동적·자학적 타성을 폐기함을 의미하기도 한다. 이는 자본주의적 경제논리에 의해 축소된 이성이 과감히 자신의 자유와 자율권을 회복하려는 '정치적 결단'이며 왜곡된 가치와 지배논리에 대항하는 '주체'로 재등장하여야 함을 의미한다.

둘째, 자유가 이성의 본성이라는 점은 이성이 단지 현실을 부정하는 논리로 한정되거나 부정의 수단임을 의미하지 않는다. 이성의 작용을 통해 인간은 참된 철학적 진리를 파악하고 실천해 내는 '능동적 힘'을 확보하게 된다는 것이다. 이러한 특징은 철학의 전통적 논의과정 속에서 여실히 드러나고 있다. 가령 인간의 사유가 시작된 이후 현대에 이르기까지 옳음과 그름, 아름다움과 추함, 선과 악을 판별하는 준거가 무엇이었던가? 바로 이성이며 대부분의 철학적 담론은 이성의 주요가치를 언급하지 않고 논의를 시작할 수조차 없는 것이다.

이성의 능력은 단순히 인식의 철학적 추상성의 문제만이 아니라 터득한 앎의 구체적 실천으로 이끌어 내는 행위까지도 포함한다. '진리를 위한 투쟁'이라는 이성의 원대한 목표는 지식과 행위를 궁극적으로 갈라놓을 수 없다. 즉, 인식의 문제와 가치 개념은 인간과 세계의 해방과 사회적 실천이라는 목표 아래 통합된다. "만일 인간이 진실된 사태를 보고 그러한 지식을 얻는 방법을 배웠다면 이는 바로 진리를 실행하고 있다는 반증이며, 인식론은 윤리학이고 윤리학은 인식론인 셈이다." 즉, 마르쿠제는 진리의 인식은 전통적으로 인간의 '실존'이 자리하는 한 하나의 '행위'이자 취득한 앎을 현재에 구현해 내는 '실천 활동'이라고 생각하였으며, 이는 궁극적으로 인간과 그의 삶을 아름답고 선하며 억압이 없는 현실로 이끌고자 하는 '미학적 실천 행위'라고 정의하였다.

셋째, 기술산업사회의 지배권력이 된 제도와 불평등의 논리를 전제할 때 인간의 참된 해방은 기존의 제도적 영역 안에서 소외된 세력들의 '정치적 연대'를 필요로 한다. 이는 제도적 틀로 인하여 소외되고 억압받는 무능력자들의 생존과 행복을 위한 연대일 것이다. 이성은 이와 같은 연대와 해방을 위한 운동의 '기안자'이다. 개인의 해방이란 궁극적으로 개인이 속한 공동체의 해방을 의미하며 인간 역사의 해방을 꿈꾸는 일이다.

오늘날의 후기 자본주의적 사회를 기술과 과학의 논리로 통제된 '기술산업사회'로 볼 때 인간과 그의 삶 그리고 생활

중 실존적 지위가 갖는 의미에 대하여 신중하고 치밀한 해명을 시도한 이들이 비판이론자들이었다. 그들의 연구는 인간 본연의 의미와 문화의 총체성을 주제로 우리의 현존재를 되돌아보는 데 시금석이 되었다. 특히 오늘날의 세계화 추세에서 보이듯이 소위 경제체계 위주의 무분별한 성장주의가 남겨 놓은 실업과 사회적 소외계층의 양산은 단순히 사회적 불평등을 넘어서 문화의 피폐를 앞당기고 궁극적으로 우리 실존의 위기를 초래할 수 있는 문제라는 데에 주목하고 있다.

문화, 교육 등 사회 전반에 걸쳐 나타나는 황폐화 현상은 심각한 구조적 위기를 부추기고 있다. 가령 오늘날 우리 사회에서 보이는 대학의 수량화를 통한 평가는 정신적 가치나 비실용적인 학문영역들의 황폐화를 불러오고 있다. 마르쿠제는 이 배후에 인간의 욕구구조의 문제와 의식의 긍정주의적 성향 즉, 일차원화된 사회현상과 일차원적 사유체계가 놓여 있다고 보았다.

마르쿠제가 제기한 현대인의 사유체계 및 철학에 대한 문제는 다음의 두 질문으로 함축해 볼 수 있다: ① 산업사회의 발전이라는 것이 정신이나 문화적 측면 즉, 질적 변화와 무관하다고 볼 때 개인에게 무슨 의미를 지니는가? ② 인간과 자연 그리고 인류가 중시해 온 가치나 문화의 무제한적 파괴의 한계는 존재하는가? 아울러 그와 같은 파괴적 문화 현상의 귀결점은 무엇인가? 현대문화의 문제들에 대한 체계적 탐구를 위해 마르쿠제는 후기 산업사회의 합리성, 특히 '기술적 합리성'의 배후에 대한 비판적 분석을 자신의 후기 연구의 핵심 과제로 삼았다.

마르쿠제에게 프로이트의 정신분석학은 자본주의적 경향을 분석하는 방법론으로 요긴하게 활용된다. 그는 현대 산업사회에서 개인의 소외나 억압적 현실을 양산하는 요인으로서 생리적 충동구조의 조작을 지목한다. 인간의 본질적 특성이라고 볼 수 있는 생리적 충동구조와 반응방식이 사회적 환경으로 인하여 조작·왜곡되어 나타난다고 진단한다. 『일차원적 인간』에서 마르쿠제는 현대사회를 '일차원성'과 '비합리성'으로 규정한다. 또한 그 안에 개인의 부자유와 억압 그리고 제도적 감시가 존재한다고 보고 이와 같은 상황에 대한 객관적 분석과 해명 그리고 더 나아가 이러한 부조리하고 모순된 실존적 상황으로부터 벗어날 수 있는 대안의 제시가 철학이 직면한 과제라고 주장한다.

'평화로운 현존재befriedetes Dasein'야말로 사회에서 살아가는 개개인이 궁극적으로 지향하는 가치이며 욕구이다. '평화로운 현존재'로서 살아간다는 것, 그와 같은 삶을 경험하고 누린다는 것은 '사유와 상상력의 자유로운 놀이'가 일상 속에서 구현되는 삶이다. 이는 곧 인간의 본질과 연결되어 있다. 인간의 본질 회복은 평화로운 현존재로서의 일상을 회복하는 일이기 때문이다. 일상의 옥죄임과 천성의 왜곡을 조장하는 제도의 논리와 질서를 극복하고 벗어나는 것이다.

> "인간의 본질이라 함은 … 일종의 '좋은 삶'을 영위함을 뜻할 것인데 힘든 노동이나 부자유, 추한 모습에서 가능한 한 멀리 벗어날 수 있음을 말한다. 그와 같은 삶 즉, '최고의 삶'은 자연의 본질 또는 인간의 본성에 맞게 사는 것을 의미한다."

여기에서 보여 주듯이 마르쿠제는 인간의 본성 또는 그

천성이 보유하고 있는 특성에 반하는 삶의 현장이 바로 현실세계라고 보았다. 그리고 개인에게 있어서 그의 본성이 자유로이 존재할 수 있다면 그 어떤 타자나 공동체의 요구와 충돌하지 않고 자신의 지향점이나 욕구가 충족될 수 있다고 생각했다. 도덕적 삶과 권력, 일방적 가치의 전체화를 통하여 왜곡되고 조작된 산업사회 간에 혼동으로 인하여 우리의 욕구가 진실된 것인지 제도적으로 조작된 것인지를 판단하는 일이 그리 수월하지 않은 것이 사실이다.

"해방이란 … 건강하고 대담한 가난의 선택이고 도덕적 청결함 또는 단순함만을 의미하지 않는다. 오히려 그와 반대로 유익한 낭비를 제거하는 것은 분배 가능한 사회적 부를 증가시킬 것이며, 영구 동원의 목적은 개인 자신의 것인 만족을 부정 —이제 적절성, 힘 그리고 규칙성의 찬양에서 보상을 찾게 만드는 부정— 하려는 사회적 욕구를 감소시킬 것이다."

마르쿠제의 '개인' 개념은 실존하는 일반적 자아와는 거리가 있다. 이는 인간의 자연적 본성과 동일한 의미를 함유한다. 자본주의적 지배와 관리 아래 개인은 제도적 질서와 상징이 제시하는 경제적·정치적 논리에 의해 재생되었다. 현존하는 가치와 욕구까지도 내면화하고 그 안에 순응하는 자아이다. 이에 반하여 인간의 본질로서의 자아는 주어진 현상의 모순을 자각하고 끊임없이 물음을 던지며 자신의 고유한 관점을 통해 다시 바라보고 비판적 안목으로 재해석해 내는 자아이다. 그러한 의미에서 '비판적 자아kritisches Ich'이며 주어진 환경과 제도적 가치에 얽매이지 않는다는 의미에서 '자유로운 개인freies Individuum'이다. 비판적 자아는 현세를 대상화하고 '부정하는 의식negierendes Bewusstsein'으로부터 나온다.

마르쿠제의 '비판적 자아' 또는 '비판의식' 개념은 그가 학창시절에 관심을 두고 연구하였던 헤겔의 개념으로부터 빌려 온 듯하다. 이는 그의 초기 저서인 『이성과 혁명』[4]에 잘

---

4 Herbert Marcuse, *Reason and Revolution: Hegel and the Rise of Social Theory* (1941).

나타나 있다. 1941년에 저술된 『이성과 혁명』의 주요 과제는 헤겔 철학에 대한 비판적 논의에 있었다. 여기에서 그는 철학의 전통적 과제나 철학적 개념 일반에 대하여 "보편타당한 법칙이나 개념들이 인식과정에서 어떻게 받아들여지는지" 비판적 안목으로 해명하고자 노력하고 있다. 자연과 사회에 대한 지배의 합리화와 그 전제로 기능하는 것은 우리의 인식구조의 문제인데 우리의 인식구조에 있어서, 개인의 인지과정에서 보편적 가치로서 받아들이는 사태들의 경우 지나치게 긍정적 가치 일변도로 이해하다 보니 "사물이나 인지 대상의 다양성을 놓치게 되고 그 반대편까지 아우르며 사태를 총체적으로 직시하는 데 어려움을 겪는다"고 지적한다.

"이 개념, 즉 진리는 실존의 사실적 문제와 상반되며 우연적인 개개인과 무관하다는 개념은, 인간의 사회생활이 갈등하는 개인과 집단 간의 하나의 적대 관계로 전개되어 온 역사상의 전 시대를 볼 때 일관된 경향이었다."

현대문명과 사회현상을 대하는 마르쿠제의 입장과 철학은 동시대 다른 사회비판이론자들과의 공동연구를 통하여 상호 긍정적 영향을 주고받으며 학문적으로 발전해 왔다. 그 대표적인 철학자들이 호르크하이머와 아도르노였다. 그들이 함께 펴낸 『계몽의 변증법』(1947)과 호르크하이머의 『도구적 이성 비판』(1947)[5]은 비판이론자들의 현대 기술산업문화에 대한 구체적 안목을 보여 주는 중요한 저술로 인정된다. 그 외에도 에리히 프롬, 발터 벤야민 등 다수가 있었다.

호르크하이머와 아도르노는 경제적 질서로 재편된 현대 자본주의적 사회의 문제를 우선 '대량생산과 소비의 문화'와, '인간과 자연의 위기'로 진단하는데, 이러한 현상의 배후엔 대량생산과 소비문화를 조직적으로 체계화시키고 공고히 하려는 자본주의적 이데올로기의 전체성과 이에 맹목적으로 길들여진 주관이성의 도구적 경향이 깔려 있다고

---

5 본서는 1947년에 『이성의 상실(Eclipse of Reason)』이란 제목으로 미국에서 처음 출간되었으나, 1967년 독일에서 『도구적 이성 비판(Zur Kritik der instrumentellen Vernunft)』으로 번역되어 읽히면서 사회적 반향을 불러일으켰다.

보았다. 특히 호르크하이머는 당시 유럽과 미국의 형식주의와 실용주의를 비판의 대상으로 삼았다. 그에 의하면 후기 자본주의적 질서는 개인이 과학과 기술의 맹목적 경향에 기꺼이 순응하는 정치적 이데올로기를 정당화하고 있다고 비판한다.

논리적 타당성만을 구하는 실증주의적 철학이나 전통적으로 전승된 형이상학적 가치에 의존하는 전통이론, 그리고 영국의 경험론적 관점 아래 이 시대의 자본주의적 물질문명의 가치와 논리를 대변하는 실용주의 철학 모두가 호르크하이머나 비판이론자들에게는 비판적 분석의 대상이 되었다. 특히 호르크하이머는 다양한 철학적 입장들을 설명하며 비판이론과 '일반적으로 알려진 전통이론'을 대질시킨다.

호르크하이머에 의하면 '전통이론'이란 경험주의적이며 연역적 또는 실증주의적 논리에 안내된 학문체계를 가리키는 말이다. 동시에 전통이론은 "사태에 대해 가능한 한 근접한 기재를 필요로 할 수 있는 어떠한 형식 안에 축적된 지식" 그 자체를 칭한다. 지식의 획득은 학자의 전통적 과제에 해당하는 일이었지만, 비판론자들은 역사적으로 고찰해 볼 때 이것이 철저히 사회적 기반과 연계되어 있었음에 주목하였다.

그들에게 있어서 학문활동의 목표는 주요 문젯거리가 아니다. 그들은 소위 가시적으로 드러나는 현상의 내부에 존재하는 '합목적성'만을 추구한다는 것이다. 그리하여 결국엔 스스로 획득하려 했던 연구의 목표뿐만이 아니라 방향성 자체도 모호해지거나 상실하게 된다고 보았다.

이와 같은 상황 속에서 학문적 활동을 하는 개별 과학자와 사회와의 연계작업은 발생하지 않는다. 그리고 '자연스러운 이원론'을 토대로 하는 사유와 존재방식이 일반화된다. 이러한 현상은 학문적 영역 이외에 다양한 사회영역과 개인들의 일상생활에서도 나타나게 된다. 가령 "사회적 생활은 다양한 유형으로 짜여진 생산라인에서 노동을 통해 주어진다." 특히 사회 전체로서의 세계는 개인에게 어떤 형태로든 주어져 있는 것이지만 동시에 개인적 그리고 사회적 실천에 의한 생산물이기도 하다. 그러나 전통이론의 시각에 고착되어 있는 학자는 사회적 현실을 이해할 때 외형적으로 드러나는 생산물 그 자체로 보며, 이해된 그 내용을 토대로 사회에서 현존하는 관계를 불변의 진리로 전제해 버린다.

호르크하이머에 의하면 사회적 현상은 특히 현대 산업국 가들에 비추어 볼 때 '경제적 관계'로 규정되고, 그 경제적 관계는 사회적 생활을 영위하는 모든 현대인들을 지배한다. 경제적 관계는 생산관계나 노동과정과 무관히 사회를 재구성해 내고 오늘날의 기형적 사회구조를 조장해 왔다. 현대사회의 개인들은 더 이상 스스로 존립하는 자유로운 개체가 아니며 자본과 경제적 메커니즘에 의해 재생된 모순된 정체성을 안고 살아가는 숙명에 놓여 있다. 싸움과 억압으로 점철된 문화 유형은 현대인의 사회적 정체성의 속성이 되었다.

자본주의적 체제 속에서 인간의 능력과 잠재력은 구체화되지 못하고 단순히 경제적 가치로 산출, 평가된다. 축소된 유용성의 논리로 개인과 세계의 의미는 오해와 왜곡으로 점철되었고 이와 같은 사회 현실에 대한 분석과 비판이 비판이론의 주요 과제이다. 이와 같은 현실인식을 바탕으로 비판이론은 경제적 관계를 사회적 위기의 뿌리로 간주하였다. 그리고 경제적 관계에서 유래하는 계급사회적 요소의 극복을 통해서만 점점 극단적으로 치닫는 사회적 차별의 문제와 계급적 모순의 극복이 가능하다고 보았다. 호르크하이머에 의하면 이러한 목표의 실현은 개인이 역사적 과정의 장 속에 들어섬을 의미하며 이는 개인이 "전체의 목적을 그 스스로 만들어 내며 동시에 자신의 고유한 의지를 전체 속에서 재차 인정받음"으로 가능하다. 이와 같은 과정을 겪으며 "해방적인 그리고 스스로 운동하는 의식"이 발생한다.

개인의 일상적 삶의 양태에 대한 분석을 구체화하는 과정에서 전통이론과 비판이론의 차이점은 더욱 명확해진다. 호르크하이머는 철학의 전통적 개념 속에서 다루어지는 '이론'은 기존 관계의 내부에 머물러서 작업되는 일종의 '지식'이다. 그리고 사회적 현상과 전개과정의 문제에 자신의 정치적 입장을 드러내지 않는다. 동시에 그들은 단지 서술하는 데 주력하며 사회적 발전의 문제와 무관한 듯 비쳐진다. 이에 반해 비판이론은 이념과 현실, 즉 이론과 사회 또는 학문과 사회 사이의 긴장된 관계에 관심을 둔다. 이론을 가치 중립적인 제3의 영역으로 떼어 놓지 않으며 미래의 인간적 세계의 목표에 대한 규정에 동참하고자 노력한다.

1964년 출판된 『일차원적 인간』에서 마르쿠제는 선진화된 산업사회의 기술적 메커니즘이 보여 주는 경향을 우선 '문화적 선택권의 상실'과 개인의 '욕구 조작'으로 요약하고 있다. 기술산업사회의 발달로 인한 무자비한 생산과 소비 그리고 대량문화와 생태 환경의 파괴와 같이 문화적 실상과 구성원들의 사회적 실존이 그 극단적 모습을 비판적으로 다루었다. 현대사회는 대중의 사회적 활동과 의사소통의 체계인 "예술, 정치, 종교 또는 철학까지도 상업적 수단들과 교묘히 뒤섞여 조화를 이루며 그들은 문화영역들을 공동의 일치점, 즉 상품 형식으로 제시한다. 영혼의 음악도 판매 가능한 것이 되며 여기에서는 진리의 가치가 아닌 교환가치만 중시된다." 이러한 상황에서 주어지는 산업적 합리성만이 유효해졌으며 다른 가치의 어떠한 합리적 틀도 무의미해지고 말았다.

기술산업사회와 대량생산과 소비의 문화는 인류의 문화가 전통적으로 보증해 왔던 다양성의 형식과 초월적 가치를 흡수해 소멸시켜 버렸다. 이러한 현상은 근본적으로 문화와 사회적 현실, 인간의 이상과 인간 존재의 현상적 유형 사이의 대립적 관계가 사라진 반증이다. 그리하여 새롭게 등장하는 문화적 가치는 기존의 사회적 질서와의 차별성을 잃고 오히려 이를 대변하고 재생산해 내는 형국으로 돌변하였다. 대량생산과 대량소비의 문화적 관계가 산출한 가치의 세계 속에서 사람들은 자신의 실존을 '상품'으로 내다 팔며 더욱더 많은 상품을 재생산하기 위해 파괴적 에너지를 사용한다. 이러한 사회적 경향에서 중시되는 개인의 성과란 인간과 자연의 착취가 얼마나 효율적으로 제도화되고 정당성을 취득하느냐에 달려 있다.

과학과 기술은 인간과 자연에 대한 착취와 생산활동의 효율성 논리에 종속되어 산업적 가치가 있는 결과물을 보여 줘야만 하는 숙제를 부여받는다. 학문과 과학의 의미 있는 성과는 돈이 되어야 한다. 거래될 수 없고 경제적 환원이 불가능한 연구 성과나 결과물은 무가치한 것이고 무의미한 작업이다. 개인의 삶과 행위 공식도 같은 논리에 의해 판정받는다. 효율성과 생산성의 논리가 한 개인의 존재가 치를 규정하게 되는 것이다.

"인간은 거대한 생산장치에, 생각하고 행위하는 효율적 주체로 사용된다. 그들의 개별적 사유나 행위는 그러한 장치에 의해 사용될 수 있고 그렇게 되어야만 한다. 이 경우 기계는 어떠한 도덕적 기준을 제공하는 역할을 부여받게 된다. 양심은 사물화 즉, 물질의 일반적 필요성에 의해 죄에서 자유로워졌다."

마르쿠제는 대량사회의 일차원적 문화의 경향에는 인간 세계의 실현에 대한 좌절이 깔려 있다고 보았다. 기술적 진보의 합리성이 힘을 갖고 공고해지면 사회의 지배논리가 개인의 자유를 철저히 억압하는 경향이 있기 때문이다. 그는 서로 유기적인 공생 관계를 형성하는 자본주의의 권력이 자유로운 개인의 의식과 그의 변화 가능성, 그리고 인류의 참된 발전을 향한 환상과 상상력을 질식시켰다고 보았다. 사회를 주도하는 권력 주체들은 다양한 방식으로 문화를 조작하고 그들에게 유리한 사회구조를 구축해 낸다. 대중언론이 그 대표적인 예일 것이다.

방송과 언론은 지배의 이데올로기이자 제도적 권력자의 수족 노릇을 하며 피착취자의 종속을 칭송한다. 대중언론은 권력자의 권세와 정책의 합리성, 정서적 능력을 유지시키고 그들에게 부여된 지배영역을 사수하도록 돕는다. 이와 동시에 기술적 합리성의 이데올로기로 제도화된 사회적 관계 속에서 개인이 설 공간은 제한되거나 사라진다. 스스로 경제적 또는 정치적 권력도구가 되어 버린 독점적 언론의 지배 아래 옳음과 그름, 진실과 허위 등은 개인의 사회적 생활과 관심이 형성되는 지점 이전에 이미 전제된 채로 주어진다. 개인에게는 선택하고 판단할 자유 대신에 수용하고 행동할 의무만이 주어져 있다.

개인의 삶은 일차원적 원리 아래에서 정해지며, 개인을 통제하는 방식 또한 그 내용이 철저히 일차원적 사유 형식으로 구성되어 있다. 마르쿠제는 이에 언어적 조작이 중요한 역할을 담당한다고 보았다. 사회의 의사소통영역 안에서 언어는 비합리적 체제를 인정하고 보존, 변호하는 역할을 하게 된다. 긍정주의 철학의 언어를 통해 활동 형식들이 기존 존재의 실존적 일상 언어의 환원된 범주로 번역되며 철학은 다른, 좀 더 확장된 차원의 미래를 향한 자극과 사유를 이끌지 못한다. 이러한 사회의 문화는 모순을 잠재우고 힘을 얻은 의례적 개념에 의해 이끌리며, 그 안에서 개인의 자유로운 사유 형식과 내용들은 저지당한다. 마르쿠제는 이와 같이 제도화된 기술산업주의의 논리에 따라 인위적으로 재생산된 의사소통의 방식을 조작주의로 규정한다.

조작주의가 일상화된 현대사회에서 구성원들의 인간다운 삶과 가치는 위기에 봉착한다. 자율성은 거세되고 자유롭고 다양성을 보존할 시대적 상식과 가치는 억압되는 형국이 되었다. 이러한 현실에 대해 문제를 지적하고 대안을 제시해야 하는 철학조차도 그 본질적 기능을 더 이상 유지하지 못하게 되었다. 기술산업문명의 제도적 억압과 조작의 방식은 나날이 치밀하고 과감해졌다. 의사소통이 조작주의적 특성을 지님에 따라 철학의 개념 또한 사실을 파악하거나 언어적 표현의 신뢰도 또는 그 초월적 특성까지도 상실해 버린다.

마르쿠제에 의하면 철학은 이와 같은 현실세계를 감안한 학문이어야 하며 그 핵심적 기능은 '비판'이다. 비판으로서의 철학이자 '비판이론'이 되어야 한다. 그는 비판이 현상에 대한 교정과 복원의 기능을 수행한다고 보았다. 그런 의미에서 비판은 철학적 방법론이자 사회적 문제들을 극복할 수 있는 의미 있는 대안이다.

2장
일차원적 사회

1. 통제의 새로운 형태

기술과 과학이 발달하고 대중문화가 풍요해짐에 따라서 한편으로는 개인의 삶이 더욱 윤택하고 안락해졌다. 그렇지만 그 이면에는 문명의 이기와 기술문명의 무차별적 사용으로 인한 피해도 적지 않다. 특히 개인생활의 풍요와 안락함의 저편에는 환경 파괴나 전쟁의 위협이 사라지지 않는 모순된 현상들이 나타나고 있다. 현대사회에 대하여 마르쿠제는 기술과 자본을 통해 만들어지고 통제받는 '기술산업사회'라고 특징지었다. 또한 이와 같은 모순된 현상은 기술의 진보와 더불어 "인간과 자연이 전적으로 소외되어 있다"는 데에서 유래한다고 보았다. 현대 산업사회의 주체로 등장한 기술과 자본의 논리는 제도적으로 공고해지는 과정을 거치며 인간이나 자연을 통제, 함락하기에 이르렀다.

마르쿠제는 현대사회의 기술과 과학이 인간과 자연을 지배하고 조종하는 현상의 배후에 놓인 가치이자 논리를 '기술적 합리성'이라고 부르고, 바로 이것이 우리 사회의 지배 이데올로기가 되었다고 주장한다. 기술적 합리성은 기술과 과학을 이용하고 이를 경제 행위 및 일상의 전체로 받아들이는 현대인의 삶의 논리와 사유체계를 말한다. 이는 우리 시대의 과학과 학문이 동의하고 지원하는 논리이기에 합리적 모습으로 등장하지만, 사실은 억압적이고 비인간적 특성을 지닌다. 그리하여 넓은 의미에서 이것은 비합리적이고 반자연적이며 기술문명과 제도적 논리에 순응하는 '제도적 합리성'이다.

1) 기술적 합리성

기술산업시대에서 사회는 '기술'과 '경제원칙'의 조직화된 질서이며 제도이다. 현대사회는 한편으로 개인을 위한 풍요한 산업문명의 건설이라는 과제를 일정히 충족시켰으나 다른 한편으로는 인간의 가치와 의미의 세계가 일차원화됨으로 인하여 객관적 사실의 열린 판단을 불가능하게 만들어 버렸다. 경제논리를 통하여 지배의 제도화를 골자로 하는 '기술적 합리성'은 개인과 그의 활동성을 소멸시키고 개인과 세계의 소외된 관계를 조장하는 '지배의 합리성'이 되었다.

마르쿠제는 현대사회의 합리성이 두 가지 얼굴을 갖고 있다고 지적한다. 하나는 기술적이고 도구적 합리성의 체계와 논리를 더욱더 강화하고 완성해 가려는 경향이다. 다른 하나는 기성의 제도와 그 규범이나 인습의 테두리 안에 안주하려는 의지가 내재하고 있다는 것이다. 여기에서 "합리성의 비합리적 요소가 생긴다"고 말한다.

기술적 합리성이라 불리는 사회를 조정하는 새로운 정치논리를 통해 개인은 기존 사회질서의 체제 안에 융화되며 그들이 이러한 거대한 흐름을 거스르고 대항할 능력은 점점 미약해진다. 동시에 개인은 제도적 요구와 논리에 복종하는 대가로서 자연을 지배할 권능을 인정받고 경제적 가치와 물질적 풍요를 누릴 수 있게 되었다. 물론 이에는 자신의 노동력과 자연을 이용, 착취할 수 있는 '기술'이 요청된다. 원래 인간의 생존을 위한 순수 기술이자 해방을 위한 실천적 활동이었던 '노동'이 이제는 풍요와 안락의 복지생활을 위하여 자연과 인간 자신을 착취하는 도구로 등장한다. 동시에 존재론적 중립자인 '자연'은 착취와 이용의 지배 메커니즘의 순수 대상이자 '착취방식을 제공하는 가능성'이 되었다.

마르쿠제는 이렇듯 사회의 구성원들에게 부자유의 원인이 되는 기술적 합리성의 배후에는 개인의 조작된 욕구가 한 축으로 자리하고 있다고 보았다. 문화, 정치, 경제 등 모든 인간의 정신적 행위양식이 기술적 합리성의 거대한 체제 안에 귀속되면서 개인의 사적 생활영역은 사라지고 자신의 존립가치와 의미를 판별할 수 있는 모든 선택권마저 박탈당했다. "체제의 생산성과 성장 잠재력은 … 사회를 (공고하게 만들고) 기술의 진보는 (제도적) 지배의 틀 안에서" 개인과 그의 사회적 관계를 재편한다. 그리하여 기술과 그의 합리성은 일종의 실존하는 경제제도와 주관의 정치적 가치로 환원된 '축소된' 합리성이 되었다. 인간과 자연 또는 사회의 주체로서의 개인은 철저히 소외되며 사회적 주체인 '기술'과 '경제'의 이데올로기에 자신의 자리를 내주게 되었다. 사회체계가 공고해질수록 개인은 더욱더 부자유해지고 비합리적 체계에 순응하는 가치로 무장한다. 이와 같은 의미에서 마르쿠제는 현대사회를 '전체주의화'된 사회라고 부른다.

2) 전체주의 사회

마르쿠제는 경제권력의 전체주의적 지배의 내부엔 근본적으로 생산장비의 기계화와 기술의 조직화를 통해 기존의 사회와 정치적 통제구조를 더욱 공고히 하려는 의도가 깔려 있다고 주장한다. 이러한 과정에서 정치는 경제원칙의 우위 아래 사회의 존재가치와 개인생활의 기저에 위치하는 욕구를 조작·왜곡하고 개인의 삶의 목표나 성취욕 또한 그러한 경제적 이데올로기 안에 재편되도록 종용하는 역할을 한다. 자본주의적 산업사회의 정치기구가 지향하는 것은 경제논리의 극대화이자 인간과 자연의 효율적 통제이다. 이 목표는 기술적 합리성의 조정 아래 더욱더 그 효력을 나타낸다. 이와 같은 사회적인 상황 아래에서 정치가의 정치적 소신은 경제적 산술가치에 의해 조정되고 통제받게 되어 그들의 정치적 주장 중에서 자본주의 체제를 근본적으로 비판하거나 극복할 만한 공약은 실종되어 버리기 마련이다.

기술문명에 대하여 마르쿠제가 전적으로 반대하는 입장에 선 것은 아니었다. 다만 기계화와 자동화로 통칭되는 새로운 노동방식으로 인하여 육체적 에너지의 양과 집중도는 실제로 감소했음에도 불구하고 형식적 착취 상황은 조금도 달라지지 않았다는 점을 지적한다. "육체적 고통과 일하는 데 겪는 어려움"이 단지 다른 방식으로 노동자를 착취하고 있을 뿐이라는 것이다. 이제는 전과 달리 인간의 정신적 영역의 착취로 노동형식이 바뀌었을 뿐이다. "기술은 육체의 피로를 긴장과 정신적 노고로 대치시켰다. 진보된 기술에 의한 자동화 공장은 사실 육체적 에너지 대신에 기술 또는 정신적 능력을 들추어내 변형시킨 것"뿐이다.

산업기술사회에서 현대인이 경험하게 되는 기술적인 "장치는 자기수호나 확장을 원하는 경제·정치적 요구에 맞추어 노동시간, 자유 그리고 물질, 정신문화를 근절시킨다. 이러한 결과로서 산출된 기술적 기반들은 현대 산업사회를 전체주의로 이끄는 경향이 있다. 여기에서 전체주의적이란 말은 정치의 폭력적 통치만을 뜻하지 않고 전래적 관심을 동원해 욕구를 조작해 내는 비폭력적 경제-기술적 지배 속에도 들어 있다." 경제적이고 기술적 작동의 원리는 현대인의 일상을 지배하고 현재와 미래를 점령해 버렸다. 돈을 벌기 위해, 현대적 첨단 지식과 기술을 배우기 위한 몸부림은 모든 젊은이와 미래 세대의 생존조건이 되었다.

개인의 생활조건 또한 이와 같이 변형된 노동의 메커니즘에 맞추도록 요구되며 기계화된 장치가 필요로 하는 시간에 맞게 주어진 업무를 처리하도록 지시받는다. 이처럼 인간의 개별적이고 창의적인 능력은 주어진 현실의 조정권력에 의하여 재규정되고 제도적 관심이 요구하는 원칙 아래 실행된다. 마르쿠제는 이와 같은 부자유와 억압적 특성을 가진 인간의 행위를 '탈脫에로스적' 성격을 띠는 '소외된

노동'이라 규정한다. 이때 노동은 극도로 '수동적'이며 '습
관적' 메커니즘 그 자체가 되며 제도적 요구에 의해 억압되
고 부자유의 상황 아래에서도 무감각해진 상태에서 이행된
다. 이때 창조적 행위는 제도적 요구에 충실한 정도와 정비
례한다고 간주된다.

3) 거짓된 욕구와 참된 욕구

기술산업사회에서 복지의 가치 즉, '복지생활'은 개인의
절대적 목표이자 일상성 그 자체가 되었다. 개인의 복지가
중요한 만큼 정치와 정책의 주안점도 복지에 맞추어졌다.
기업의 활동을 통해 자본이 획득되고 재정적 기여를 통해
예산이 확보되며 국가정책을 입안할 수 있기에 기업의 자
유와 권한은 근본적 지위를 부여받는 단계에 이르게 되었
다. 이와 같은 상황에서 기업활동은 무제한적 권한을 부여
받는다.

개인의 관심과 욕구는 철저히 기업의 요구와 부합될 때
의미를 인정받는다. 시간을 사적으로 활용하는 것은 기업
의 요구에 의해 그리고 기계 자동화의 생산라인에 적합하

도록 제한, 조정된다. 개인은 자유시간을 기업적 필요에 따른 처리 대상으로 반납하며, 개인이 생존욕구를 채우려 한다면 기업과 경제적 제도가 제한하는 기술의 원칙에 따라야만 한다. 이런 환경에서 노동자는 자신의 정체성과 인간으로서의 실천적 활동 가능성까지도 체제의 관리에 의존한다.

마르쿠제에 의하면 기업의 자유가 오늘날과 같이 긍정적 사건으로 인정되기 시작한 것은 그리 오래된 일이 아니며, 전에는 "대다수의 주민들에게 고통, 불안전 또는 두려움"으로 간주되었다. 그러나 개인들이 현대의 물질적 풍요와 그로 인해 발생된 욕구의 충족을 경험하기 시작하면서 새로운 풍요와 쾌락을 얻는 대가로 현대인은 자유와 자율성을 상실하고 인간의 존엄성을 포기하는 지경에 처했다. 책임의 대가를 지불해야만 하는 '자유'나 '자율적' 삶을 주장하기보다는 오히려 부자유를 수락하면서 그 대가로 욕구 충족과 쾌락을 선택하게 되었다. 이는 사물화된 현대인의 욕구 깊숙이 자리한 자기정체성의 일부가 되었으며 이때 개인의 정치적 판단이나 자유를 포기하는 일은 당연한 일로 간주된다.

현대사회에서 개인의 욕구는 어린 시절부터 양육된다. 돈과 물질을 최우위에 두고 살아가는 법을 배운다. TV나 교육제도에서 그것이 여실히 나타난다. 공부의 목적은 소위 서열화된 상위권 대학에 진학하는 것이고, 장차 좋은 직장을 보장받기 위해 수단과 방법을 가리지 않고 어린아이들을 학대한다. 그들의 최고 목표는 좋은 반려자를 만나 값비싼 자동차와 안락하고 아름다운 정원이 있는 집을 구매하는 것이다. 반면 전통적 가치관의 규범과 덕목들은 삶의 중심적 의미가 아니다.

마르쿠제는 인간 욕구의 이중적 형식을 다음과 같이 분류하고 있다. "우리는 인간의 욕구를 참된 욕구와 거짓된 욕구로 나눌 수 있다. (첫째로) '거짓된' 욕구는 개인인 누군가를 억압하고자 하는 관심 아래 있는 일부 사회적 권력자에 고무되어 있다. 그러한 욕구는 힘든 노동과 공격성, 고통 그리고 정당하지 않은 것을 찬양한다. (둘째로 참된) 욕구는 드러난 권력에 의해 해체되어 버린 사회적 내용과 기능을 간직한다. 그리고 개인은 그러한 권력에 조종되지 않는다. 이러한 욕구의 발현과 충족 관계는 다양한 방식으로 이루어진다." 즉, 참된 욕구는 권력의 끄나풀이길 거절하는 용기와 자유로운 역사적 의식을 지향하는 해방된 욕구이다.

4) 제도적 의식

앞의 내용을 정리해 보면, 마르쿠제는 개인의 부자유한 현실과 욕구를 재구성하고 조작해 내는 기술산업사회의 제도적 관계 사이에 긴밀한 연관 관계가 있음을 지적하고 있다. 인간의 생존조건이나 행위양식이 기술산업사회의 지배세력과 그들이 설정해 놓은 이데올로기로 인해 억압, 조종되며 자율성뿐만 아니라 본래 개인의 목표였던 생존까지도 스스로 결정할 수 없는 단계에 이르러 위협받게 되었다. 제도와 기술적 합리성은 더 이상 인간 주체의 자유로운 판단이나 욕구, 정치적 선택의 자율성을 허용하지 않기 때문이다.

마르쿠제에 의하면 사회적 조종의 전체주의적 속성은 개인의 욕구구조 조작뿐만이 아니라 사회 구성원의 의식까지도 조작해 내고 그 자율적 선택 가능성을 근절시킨다. 기술적 합리성의 과정을 겪으면서 개인은 왜 자신의 사유와 그 내용이 그릇된지 반성하고 파악할 수 없도록 의식이 '일차원화'되었다. 이는 행위자에게 있어서 '경험의 제한'을 의미하며 동시에 경험과 사유의 제한이 가져온 결과이기도 하다.

개인의 의식은 "사회적 활동으로 번역된 기술적 합리성의 현실"을 통해 세계를 경험하며 기존 사회의 지배적 이데올로기로 무장된다. 기술 과학의 합리성이 제공하는 억압적 상황 아래에서 의식은 그 역사적 실천의지와 비판적 사유의 능력을 실용주의와 경제논리로 축소, 대체된다. 인류 역사의 오랜 유산이자 전통 철학이 탐구해 온 존재에 대한 개념적 물음들이 보유하고 있는 '승화된' 가치는 주어진 지배구조의 조작된 계획 속에서 폐기되거나 축소된 의미만을 밝힌다. 또한 현대 산업문화의 나팔수 역할을 담당하는 광고와 대중매체는 이와 같이 변질된 의식의 '무비판성'을 부추기고 찬양한다. 동시에 인간이 의식적으로 사유하고 판단하는 일련의 사건들은 기존의 제도적 세계가 제공하는 제한된 논리의 범주 안에서 이루어지고 그 의미를 인정받는다.

경제·사회적 관계의 물질 만능주의 경향 속에서 인간의 왜소해진 자의식은 이와 같은 경향을 보여 주는 거울이자 현실이다. 비판능력을 상실한 인간의 의식과 이성에게 유일하게 주어진 선택은 소위 '생존을 위한 적응'이고 주어진 체제 안에서 최대한 즐거움을 누릴 '양'을 확보하는 일이다. 현대인에게 '시간성'과 '공간성', '양'과 '질'이라는 낡은 사유의 범주는 귀찮고 쓸모없는 것이 되었다. 양과 공간의 확보를 위해 체제의 수호는 의식이 관련되는 중요한 권리이자 의무가 되었다. 이는 동시에 존재의 '시간성'과 '공간성' 모두를 상실하는 결과를 가져다준다.

마르쿠제는 시간과 공간의 문제를 존재론적 논의의 대상으로 형식화하고 있지는 않지만 그것이 그의 철학적 사유의 배경에 깔려 있는 주요 개념 중 하나임을 짚고 넘어가고자 한다. 그는 인간의 존재, 즉 생존의 구체적 형식이 궁극적으로 공간성의 확보이며 이는 인간 의식의 시간성을 전제하지 않고서는 불가능하다는 입장이다. 또한 이와 같이 현대사회의 물질문명의 추세를 비판하고 거부하는 일은 그 어떤 실천적 활동에도 관심이 없는 태도라고 단정하며, 오히려 현대인들은 그들이 속한 사회에서 드러나게 되는 자신의 일차원성이나 비역사성을 인정하려 들지 않는 경향이 있음을 지적한다. 현대사회와 사상적 경향에서 드러나는 특징은 관념적 사유의 논쟁보다 행동에 우위를 두고 행위의 지침과 방법론에 몰두한 채 새로운 형태의 추상적 영역을 형성한다고 주장한다. 이는 당시 미국의 행동주의에 대한 비판을 염두에 두고 있다. 마르쿠제는 미국의 그와 같은 경향을 '철학적 행동주의'라고 부르고 그 맹목성을 지적한다.

이러한 행동주의적 경향은 일종의 체념주의와 맞닿아 있다. 마르쿠제는 이와 같은 경향을 의식의 '체념주의적' 특성으로 규정하는데, 이는 한편으로 인간의 의식이 '생존욕구'를 담보로 하는 '쾌락원칙'으로 축소된 연유이며, 동시에 기존 사회의 부자유한 현실이 재생산해 내는 도구화된 의식이 그 초월적 능력을 상실하면서 역사적·도덕적 '요구를 상실'한 데에서 유래한다고 보았다. 현대 산업사회의 인간

은 비판의식 대신에 '행복한' 의식을 선택하며 진리나 기존
사회의 한계를 극복할 초월적 가치를 추구하기보단 현실의
습관화되고 익숙한 사유 형식과 산술적 유익만을 구한다는
것이다.

2. 정치적 세계의 폐쇄

앞서 언급하였듯이 마르쿠제는 오늘날 우리 사회를 기술
과 자본을 통해 만들어지고 통제받는 '기술산업사회'라고
특징지었다. 기술과 과학이 발달하면서 인류가 오랫동안
꿈꾸어 왔던 많은 소망들이 이루어졌다. 안락하고 평안한
일상을 원하는 현대인들에게 우리 시대의 기술문명과 도
시화된 현대사회는 오랜 꿈이 현실이 된 듯 더욱 큰 기대와
소망을 품게 만든다. 소망의 핵심은 '안락하고 평안한 복지
사회'였다. 세상의 모든 가치는 안락한 복지국가라는 큰 원
칙 아래에 흡수되어 버린다. 문제는 안락하고 풍요해진 이
면에서 불안과 긴장, 억압과 부자유의 모순된 삶을 살아가
는 현실이다. 문화, 교육, 경제 그리고 정치 그 어떤 영역도

예외가 아니다. 현대인은 풍요함을 얻는 대신에 자유와 참된 행복을 반납했다.

정치는 본래 사람으로부터 나온다. 사람의 실존과 욕구에 대한 표현이고 실천 행위이다. 현대의 서구적 민주주의의 토대인 대의정치를 구현하는 일은 사람들이 처한 각각의 상황과 현실에 대한 다양한 사회적 욕구의 표현으로부터 시작된다. 다양한 타자들 간의 토론과 논쟁은 극히 자연스러운 정치적 욕구의 표현방식이며 민주주의 정치활동의 원리가 되었다. 다당제나 삼권분립과 같은 정치형태의 구조화는 정치적 욕구의 제도화된 결과로 간주할 수 있다. 단, 마르쿠제는 우리 사회에서 기술적 지배와 그 논리에 의해 고대에서 현대로 이르는 과정에 많은 역사적 변혁기를 거치며 발전해 온 민주적 정치문화가 소멸되고 있다는 점을 우려하고 있다. 이 시대에는 정치가 사람으로부터 나오지 않고 제도와 자본, 특히 기술 자본의 통제로부터 자유롭지 못하다고 본다.

오늘날의 정치세력은 무기력해졌다. 정치적 통합과 수렴과정을 통해 개인적 실존이나 사회적 관심 및 집단의 다양한 "이해관계는 무시되어 버린다." 정치의 무기력화는 우연적이거나 자연적인 현상이 아니다. 고도로 기획되고 전략적 의도를 숨기는 배후가 있기에 나타난 결과이다. 자본주의적 제도와 기술의 합리성이 그것이다.

정치의 소거를 부추기는 현상은 대중언론이나 예술, 교육, 체육 영역과 같은 전 영역에 걸쳐 나타난다. 특히 탈정치화의 성향은 대중과 밀접한 관련을 맺는 영역일수록 직접적이고 강력한 모습으로 등장한다. TV 뉴스나 인터넷 포털 사이트의 주요 주제나 화면을 보면 긴장과 대립의 요인이 될 만한 사항은 은폐, 왜곡되며 시청자의 감각을 자극하는 소위 비정치적인 극히 저속한 주제들로 장식된다. 시청자는 저속하면서도 감각적 쾌락을 불러일으키는 주제들을 접하며 긴장감 있는 정치 현안이나 사회 구조적 모순과 같은 문제 등으로부터 잠시 도피할 수 있게 된다.

마르쿠제에 의하면 제도화된 기술적 합리성의 지배가 제공하는 억압된 생존 현실은 개인에게 안락한 삶을 약속하고 있으나 동시에 인간과 자연의 조작된 의미를 전제로 삼고 있기에 궁극적으로 인간의 욕구까지도 그러한 지배합리성의 포로가 되어 변질되어 버린다는 것이다. 개인이 기술적 처리의 대상이자 "최적의 착취를 위한 물리적·정신적 자원"이 되는 셈이다. 기술적 합리성 아래 개인은 더 이상 인간이 아닌 한 생산라인에서 주어진 과제를 처리하는 '기능인'이며 어떠한 인격적 대우의 '요청'이나 '인정'과도 무관한 '익명의 A, B, C'로 처리된다. 그리고 그의 존재 의미는 자신이 얼마나 철저히 기술적 처리의 대상으로 전락될 수 있는가에 달렸다.

개인의 자연 욕구와 참된 생산적 능력은 소외되고 파괴되어 버린다. 사회 역시 사물과 인간의 기술적 사용 가능성 여부와 관련하여 발전된 인위적 조율로 재생산되었다. 이와 같이 '현존재를 위한 투쟁'의 미명 아래 실행되는 인간과 자연의 착취과정은 점점 더 과학화되고 합리화되기에 이르렀다. 인간과 자연은 순수 처리 가능하며 목적도 이름도 없는 대상으로 전락하고, 조작된 개인의 욕구는 사회적·제도적 권력에 본인의 주체적 전권을 넘겨 준다. 또한 아무런 도덕적 책임도 지지 않는 '익명'의 부속물로서 기술적 합리성의 축소된 가치 아래에서 생존의 목표를 구현해 낸다.

이와 같이 자발적으로 소외된 노동이 가능한 것은 '생존'이라는 이름으로 풍요와 쾌락적 소비생활에 익숙해진 현대인의 특성과 개인의 왜곡된 욕구를 재생산해 내는 사회적 권력구조가 서로 맞물려 있기 때문이다. 이 시대에 권력은 일반적으로 '익명'으로 등장하며, 거기에서 자유로운 개인이 권력구조의 내부세력과 열린 관계를 맺으며 개별적 관심을 드러내고 관철시킬 수 있는 가능성은 근본적으로 차단되어 있다. 혹 제도적 구조에 참여할 기회를 얻는 일부 개인들 역시 현실을 거시적인 눈으로 진단하기 힘들도록 조직화되어 있다. 그들은 오히려 제도적 장치로 인해 극히 제한된 경험의 영역 내부에서 그들의 관심을 개진하며 주어진 조건 아래 자족한다.

'생존'이라는 부인할 수 없이 거대한 목표는 개인이 이러한 부자유한 현실을 자발적으로 수용하고 선택하도록 정당화하는 논리를 제공한다. 노동자들에게 주체적 삶과 자유 획득의 가능성은 점점 더 소멸되어 가는데도 개인은 스스로의 결단에 의해 "자유의 부담으로부터 도피"하고자 한다. 그리고 이와 같은 현실이 제공하는 폭력적 구조 속에서 더욱더 큰 안위와 기쁨을 누린다. 자신은 폭력적 현실과 무관하며 가령 전쟁은 자신의 선택이 아닌 대다수 국민의 지지를 얻은 국가의 이름으로 일어난 것이라고 생각한다.

개인은 정치적 책임이 따르지 않는 사적 영역에서 자유로운 비판을 하지만 책임이 따르는 공적 성격의 자리는 피하거나 상황을 지배하는 제도적 요구의 도구임을 자청한다. 이데올로기가 되어 버린 '생존'논리는 개인의 일상적 삶의 내용과 욕구체계 그리고 관심을 기술적 산업 장치의 억압적 메커니즘 아래 재편한다. 그리고 이와 같이 '힘의 폭력'으로부터의 해방과 자아의 정체성 회복은 소위 '생존'의 이데올로기 아래 스스로 포기, 왜곡 또는 축소된 형태로 실행된다.

최초에 자유와 생존 가능성의 전제로 이해되었던 '현존재를 위한 투쟁'이라는 개념은 기술산업시대에 들어와 새로운 이데올로기로 변질되어 사용된다. 개인들에게 삶의 목표는 산업문명이 제시해 준 제도적 가치와 합리성의 준거 아래 형성되며 물질적·경제적 부의 성취로 축소되어 정해진다. 이러한 새로운 형태의 합리적 세계는 외형적으로는 철저히 개인적인 사태로 비쳐지지만 사실은 개인이 하는 그 어떠한 행위도 개인의 자유로운 욕구나 자율적 결단에서 유래하지는 않는다.

개인은 육체적으로나 정신적으로, 기술·경제적 원칙들로 제도화된 익명의 정치권력 아래 지배되며 일종의 '익명의' 중립적 "도구 또는 심지어 어떠한 도구의 부속품으로 전락한다. 능동적 또는 수동적, 생산적 또는 수용적이든지 그의 노동시간과 자유시간을 (오로지) 조직에 헌납한다. 가령, 기술적 노동 분업은 인간 자체를 자본주의적 체제에 동조하는 부속물로 간주하고 부속 기능으로 작용하도록 분해해 버린다."

마르쿠제에 의하면 권력층, 사업가 또는 정치가들이 그러한 현실의 배후에서 사회를 조직하고 지배하는 역할을 담당한다고 보고, 그들은 이러한 과정을 통해 노동자의 생산성을 향상시키려는 의도를 갖고 있다고 진단한다. 그러나 동시에 개인의 자유는 제재되고 욕구는 조작된다. "이 지점에까지 이르면 풍요와 자유의 가면 뒤에 숨어 있는 지배의 힘이 사적·공적으로 현존재의 전 영역을 질식시키고 모든 현존하는 반대편을 흡수하며 선택 가능성을 삼켜 버린다."

이와 같은 맥락에서 마르쿠제는 현대사회를 "전체주의적 사회"라고 보았다. 전통적 방식의 폭력과 테러의 방식에 의존하는 전체주의가 아니라 "테러에 의존하지 않고 사회를 돈과 기술로 통제하는" 전체성을 말한다. 산업문명의 논리와 가치를 최고의 가치로 인정하는 사회, 기술적 가치 자본의 논리에 순응하고 적응하는 것이 개인이 취할 수 있는 가장 지혜로운 선택이라고 보는 그런 사회이다. 이에 순응하는 이에겐 풍요와 안락이라는 당근이 주어지지만 저항하는 이에겐 가차 없는 보복의 채찍이 따른다.

1) 사회 변동의 억제

선진 자본주의적 질서 체제에서 합리화 과정은 노동자들의 일상을 변화시키고 그들의 의식과 욕구를 주도적으로 이끌어 간다. 생산라인의 '기계화'와 '자동화'가 그 한 예이다. 노동 시장에서 드러나는 계층이나 계급적 차별 요인들이 자동화 생산라인을 통해 모두가 수혜자가 되며 두둑한

월급의 혜택을 누리며 갈등이 '통합화' 내지는 '일치화'되어 갈등 요인들을 감춰 버리는 경향이 있다. 동시에 노동현장에서 노동자들의 욕구와 그 충족과정에 계층이나 기능 사이의 차별 요인들을 통합해 버림으로 인해 일터에서 보다 '긍정적이고 순응적인' 모습을 보이게 된다. 긍극적으로 노동계급이 현실적으로 보유하고 있는 '부정적 요인들을 약화'시키는 결과를 가져온다.

첫째, 기계화와 자동화 과정에서 발생하는 비극은 인간이 생물학적 특성을 기계 장치에 양도했다는 점이다. 사람이 기계의 하인이 되어 버린 것이다. 노동현장에서의 인간을 기술적 처리 장치로 통합하는 과정에는 인간의 생물학적 욕구의 억압 및 변형을 수반한다. "노동의 기계화는 착취를 유지하면서 착취당하고 있는 사람들의 태도와 지위를 변화시킨다." 손과 근육을 쓰는 노역에서는 다소 자유로워졌지만 두뇌나 신경조직을 활용하는 또 다른 형태의 예속화가 나타나는 것이다.

둘째, 기술적 합리성이 사회와 노동현장 전반에 영향을 주면서 다양한 형태의 동일화 경향을 보인다. 대표적인 현상으로 소위 화이트칼라와 블루칼라의 갈등은 잘 드러나지 않는 경향이 있다. 노동현장의 자연적 욕구의 억압방식은 기업 경영주와 하층 노동자 사이에 근본적 차이가 없어 보이기 때문이다. 사실 마르쿠제는 한편으로 볼 때 노동자들의 육체적 부담과 고통이 '자동화' 과정을 통해 해소될 수도 있을 것이란 조심스러운 소망을 내비치기도 하였다. 그러나 문제는 그 과정에서 노동자들의 지위가 약화된다는 점이다.

자동화 과정을 통해 노동자는 그들의 생산력이 기계에 의탁 또는 전가되어 가는 과정을 겪으면서 '직업적 자율성'이 크게 침해된다고 보았다. 노동자는 기성사회에서 차별화되어 있는 전문적 직능을 수행하는 독립적이고 자율적인 계급을 구성하고 있었으나, 동시에 그 계급적 구분의 명분과 타당성에 대한 의문점이 따라오는 것도 사실이었다.

산업사회의 직업인들은 새로운 형태의 유대 관계를 형성하게 된다. 일의 성격과 환경, 생산방식 등에 따라 노동자의 태도와 사고방식이 정해진다. 자동차를 좋아해서 자동차 회사에서 근무하기보다는 자동차 회사에서 임금노동을

하면서 자동차 문화에 대해 우호적인 관점과 생각을 가지게 되듯이, 무기 업체와 같이 인류에 위해 요인이 될 일을 하더라도 스스로 그 정당성을 예비하고 그 논리로 무장한다. 개인의 욕구와 취미, 생활 수준, 여가활동, 정치적 성향 등 모든 일상이 노동현장과 직업 유형에 의해 '자발적 통합'을 이루게 된다. 오늘날의 자동화 과정은 실업이나 경영자의 통제력 강화, 정신적 스트레스 상황의 증대와 같이 부정적인 측면이 많지만, 기계적 커뮤니티를 육성하는 경우처럼 통합화 과정을 통하여 불만이나 반발을 극소화하는 효과를 누린다.

결론적으로 현대 산업자본주의 사회에서 노동자는 기술적 합리성의 통제구조 아래 더욱더 강력한 착취와 소외 상황에 직면해 있지만, 그들이 삶에서 부딪치는 상황에 부정적 현실을 당연한 것으로 수용하곤 한다. 부자유와 소외가 더욱 강화되고 있지만 노동자에게서 이와 같은 모순된 사회구조의 문제가 지적되지 않고, 오히려 자족하고 적응하려는 의지가 불만감을 녹여 버리는 것이다. 누가 누구를 폭력적 방식으로 억압하거나 종속시키지는 않지만, 이 시대에도 노예는 존재하고 부자유와 억압은 사라지지 않는다. 그럼에도 피억압자는 이에 항거하지 않고 불만스러워 보이지도 않는다. 그들은 이미 이와 같은 사회적 구조의 논리에 스스로 익숙해져 있고 도구가 되어 버렸기 때문이다. 마치 물건이나 물품이 스스로 사유하지 못하고 영혼이 없는 것과 같다.

2) 억제와 전망

현대 산업자본주의의 체제에 대한 전망에 대하여, 정치적 환경의 폐쇄성과 모순들, 부자유 등 다양한 문제들이 있지만 그럼에도 불구하고 자본주의는 항존할 것이라고 마르쿠제는 내다보았다. 다음의 네 가지 요소들이 자본주의의 항존 가능성을 바라보는 근거이다.

첫 번째로 '노동 생산성의 향상과 기술의 진보'이다. 기술 발달과 노동 생산성의 향상이 결국 체제를 유지하는 데 기여한다고 보았다.

두 번째 요인으로는 '하층 인구의 출생률 증가'를 꼽았다. 생산성을 담당하는 하층민들의 출산이 궁극적으로 자본주의를 지탱하는 힘이 된다는 것이다.

세 번째, '항구적인 방위 경제'가 구성원의 안전을 지탱함과 동시에 그 자체가 산업 체제가 되며, 사회를 지탱하는 기반이 되는 데 기여한다.

마지막으로 자본주의 국가들의 '경제·정치적 통합 및 자본주의 국가들과 후진 지역과의 관계 형성'을 통해 모순적 구조를 통합하고 이견이나 문제를 완충시키는 결과를 가져오게 된다. 이러한 요소들이 결국은 자본주의 체제의 항구적 유지를 돕는 요인이기도 한데, 자동화의 긍정적 기능에 대한 마르쿠제의 기대감이 그 중심에 있다.

마르쿠제에 의하면 기계화된 노동과 산업현장의 상징인 자동화, 즉 오토메이션은 "사회 전반에 혁명적 변화를 일으킬 것이다. 인간 노동력의 물상화를 그 극한까지 밀고 나가면, 개인을 기구에 묶어 두는 사슬을 끊어 버리고 물상화 형태를 분쇄할 것이다. 필연의 영역에 자동화가 완성되면 인간의 개인적 영역뿐만이 아니라 사회적 차원의 자유시간의 실현 가능성도 열리게 되어, 이것은 새로운 문명을 향한 역사적 초월이 될 것이다. 자동화를 저지하려는 노력들은 결국 자본의 국내외 경쟁력을 약화시켜 장기간에 걸친 불황을 야기하여 그 결과 계급적 이해로 인한 싸움에 부정적 영향을 미칠 수 있다"고 내다보았다.

구소련의 소비에트 공화국에 대하여 마르쿠제는 그들을 자본주의의 산업사회와 동등한 관점에서 바라보는 것이 적당하지 않다고 설명한다. '산업화의 단계로 볼 때 초기 단계'에 머물러 있음이 그 첫 번째 이유이고 구조적 측면에서 경제제도 및 정치구조가 국유화되어 있고 독재 형식으로 운영하고 있는 것이 두 번째 이유이다. 사회주의 운동의 제1단계인 노동계급의 해방 및 사회적 권한의 평등한 분배라는 원칙을 구현한 것에 성공적이었다는 점을 인정할지라도 질적 변혁으로 이끌어야 하는 제2단계의 성취 가능성과 전망은 묘연하다고 보았다.

"자본주의에서 사회주의로의 이행은 혁명임에도 불구하고 아직 양적 변혁으로 나타나고 있다. 노동구조에 의해 인간을 예속시키는 것은, 고도로 합리화되고 극도로 능률적이며 또한 장래의 가능성이 있는 현대인에서도 여전히 행해지는 실정이다."

구소련의 사회에서 보여 주는 지배적 관료제의 특성인 생산자와 생산 수단을 분리, 통제하는 구조적 현상은 결국 계급적 차별을 낳고 권위주의적 권력구조를 양산, 유지하게 되었는데, 이로서 공산주의의 최초 혁명 이전단계의 이상과 목표의 실현은 불투명해지는 방향으로 전개되었다. 저개발사회 또는 후진 국가가 선진 산업사회의 미래를 결정하고 독자적 세력으로 성장할 것이라는 관점에 대해서도 마르쿠제는 비관적으로 전망했다.

우선 산업화 과정에 있어서 기존의 선진화된 단계에 다다른 국가들과 상이한 제3의 길이 존재할 수 있는지, 설혹 존재한다고 하더라도 그것이 이들 국가에게 수혜자의 위치를 허락할 것인지 불확실하다는 것이 그 이유이다. 특히 주민들의 지적·문화적 수준을 고려해 볼 때 기존의 선진화된 국가들을 추월한다거나 독립적 세력화의 가능성을 기대한다는 것은 부정적인 것이 현실이라고 보았다.

오히려 선진 산업문명이 전이되는 과정에서 시민사회가

도래하기 이전의 관습적 구습이나 그와 같은 정황의 분위기에 의해 기계화 과정으로 변화되는 노정에 강한 저항을 맞게 될 개연성을 예상치 않을 수 없다. 사실 산업사회의 방식에 따른 자유주의나 민주주의적 형태의 문화적 발전을 기대한다는 것도 섣부를 수 있고 정반대의 방향으로 진행될 가능성도 배제할 수 없다는 것이다.

마르쿠제는 후진국 상태의 국가에서 산업화나 기술문명이 도입되는 과정에 사회적 구성원들의 생활과 토착적이고 전통적 노동방식 간의 충동과 저항이 발생할 수 있음을 볼 때 이를 대비하는 노력이 필요하다고 제안한다. 즉, 기술이전의 전통 자체를 최대한 배려하고 보호하면서 이를 오히려 산업화의 원천으로 활용할 수 있는 방안이 그것이다. 신新식민주의의 포기를 전제로 삼아야 하는데 "위로부터의 기술을 강요하는 것이 아니라 전통적 양식을 그 자신의 기반에 기초하여 확장, 개선하고 인간적 생활의 발달을 보증할 수 없도록 만드는 물질적·종교적인 억압, 착취 세력을 제거하는 것이다."

3) 복지 국가와 전쟁 국가

기술적 합리성의 지배를 통해 유지되는 현대사회는 분명 '복지사회'라 부를 수 있다. 그렇지만 다음의 세 가지 요소들이 제한되는 모습으로 작동하는 현대사회는 부자유한 사회이다. ① '기술적으로' 활용할 수 있는 상품과 서비스의 양과 질, ② 개인의 기본 욕구 충족을 위해 '기술적으로' 활용될 수 있는 상품과 서비스의 양과 질, ③ 자기결정능력을 이해하고 실현할 수 있는 예지력의 제한이 그것이다.

후기 산업사회는 노동 생산성이 증대되고 풍부한 생산과 소비 체제를 구축한 결과 욕구 충족의 문화적 구조는 확대되었으나 자유의 사용가치는 점점 더 감소하게 되었다. 현대사회의 또 하나의 특징인 다원주의는 고도의 정밀한 권력 체제에 대한 도전이다. 다양성과 개별성의 중시 형태로 등장하기보다는 오히려 권력에 대한 대항 세력과 에너지를 상쇄해 버리는 일종의 이데올로기 역할을 한다고 본다. 전 세계에 걸쳐 집중받는 주요 거대담론과 쟁점들은 기만적이고 왜곡된 방식의 다원주의적 통합체계 속에 권력의 이데올로기를 강화, 촉진하는 모습으로 등장하기가 일쑤이다.

이와 같은 과정의 결과로서 다원주의는 현대사회의 질적 변혁을 억제하는 잠재력을 강화하고, 이러한 과정을 통해 어쩌면 질적 변혁의 계기가 될 수도 있는 결정적 파국 가능성을 강화하기보다는 지연시키며, 마치 민주주의의 가장 효과적인 작동원리로 비쳐질 것이다. 이러한 복지사회는 민주주의의 이상적인 모습보다도 민주주의의 탈을 쓴 변형된 전체주의에 가깝다. 예속과 부자유, 경제적 조종원리의 강화, 증가하는 핵전쟁 발발 가능성과 위험성뿐만 아니라 평화와 복지의 이름으로 "자본주의와 공산주의는 전 세계적 규모로, 전 세계에 걸친 제도를 통하여 비군사적인 경쟁을 계속하게 된다."

3. 불행한 의식의 망각

우리는 욕구의 억압을 강요받는 사회에 살고 있다. 그렇다고 모든 욕구가 억압되는 것은 아니다. 그것은 산업자본주의의 가치와 필요에 따른 새로운 욕구의 출현과 욕구 발현구조의 발전, 다양한 욕구들의 통합으로 나타나기도 한다. 동시에 욕구의 발현과 구현과정에서 다양한 사회적·문화적 현상들이 등장하게 된다. 이때 개인의 욕구가 그와 같은 주변 환경의 지배를 받기도 하고 욕구 자체에 변형을 가져올 수도 있다.

마르쿠제의 시각으로 볼 때 문화는 욕구의 표현이고 욕구의 사회적 발현과정 즉, 사회적 활동의 결과이다. 우리 주변의 집들이나 옷가지, 음악, 미술품 등 우리의 환경을 이루는 대부분이 문화이다. 그런데 사람의 욕구가 동일하지 않듯이 문화에도 다양한 유형과 수준이 존재한다. 마르쿠제는 '초월적 요소'를 지닌 문화를 고급문화라고 부른다. 욕구의 초월적 승화 차원으로 볼 수 있다. 예술의 영역에서 그와 같은 것이 두드러지게 나타나는데 예술적 초월성은 예술적 가치의 전제 사항이라고 보았다.

초월이라는 말에는 일상적 가치에 대한 초월의 의미가 함유되어 있다. 약육강식의 저열한 현세적 가치로부터의 초월이고, 자연과학적 논리와 합리성으로 설명할 수 있는 수리적 이성이나 논리적 정당성을 초월하는 것이다. 돈에 의해 지배되는 현세의 논리, 강자가 독식하는 권력의 메커니즘, 지식과 정보를 보유하고 자기 정당성을 차지하는 과학 만능의 현대사회의 가치와 다른 것이다. 다만 예술은 이와 같은 초월적 가치를 예술적 방식 즉, 예술적 언어나 상징을 통해 드러낼 뿐이다. 그것이 문자로 표현될 때 언어적 예술, 문학과 서예와 같은 장르의 예술이 된다. 또한 소리로 표현하는 초월적 가치가 음악이고 그림으로 표현하는 것이 미술이다. 그 바탕에는 동일한 원리가 숨어 있는 것이다. 마르쿠제는 특히 초월을 넘어 사회비판적 요소까지 포함하고 있던 전위 예술이나 미국의 흑인 음악에도 관심이 많았던 것 같다. 흑인 음악의 예술적 특성의 배후에는 사회적 현상에 대한 비판을 함유하고 있으며, 음악적 상징을 통한 실천적 요인이 그 안에 숨겨져 있다고 보았다.

욕구의 초월적 표현은 의미와 가치의 승화된 표현을 의미한다. 오랜 역사를 거치면서 인류의 고급문화는 현존하는 세계에 대한 결핍과 부자유 모순에 대한 부정의 성격을 지녀 왔다. 도덕적·미적·지적 차원의 모순을 극복하려는 의도는 현세와의 괴리로 인해 이상적인 모습으로, 사회적 불평등과 부조리함을 지적하는 새로운 도덕적 차원으로 길들여진 미적 감각을 초월하는 시야와 기술적 처리능력을 지닌 예능의 수준을 보여 주었기에 '승화적' 요소가 핵심이었다. 현세와의 차별성과 초월적 요소로 인해 과거에 고급문화의 수혜자 또는 그것을 향유할 수 있는 자는 일부 특권층에 국한되었던 것이 사실이다. "특권적 소수자만이 그 혜택을 입었고, 그 이상을 대변하였다."

한편 기술산업사회에서 문화는 기술문명과 자본의 보이지 않는 힘에 의해 조종되며 '억압적 탈승화'의 속성을 지닌다. 현대문화의 특징은 "고급문화의 반항적·이질적·초월적 요소를 말살함으로써 문화와 사회적 현실 간의 대립과 투쟁구조를 일소한다는 데 있다"는 것이다. 마르쿠제는 현대의 자본주의적 산업사회를 경제와 기술논리 아래 '제도화'된 부자유와 억압의 문화로 특징짓는다. 기술과 소비의 역학 관계로 규정되는 개인은 그와 같은 문화적 환경이 제공하는 일차원적 논리와 가치에 의해 제재되고 재생산된다.

기술공학의 발달과 성과는 산업현장의 생산영역뿐만 아니라 개인의 생활공간에까지 깊숙이 침투하고 행위의 정당성이자 지배자로 둔갑하였다. 그리고 이와 같은 지배 양태가 개인을 "사회적으로 더욱더 유효하고 편리한 방식으로 조종"할 수 있는 방편임을 입증해 낸다. 동시에 이와 같이 기술적 산업사회의 지배구조와 개인의 조종이 가능해진 그 배후에는 개인의 변형된 '의식'과 '욕구 충족구조'가 존재한다.

현대의 기술산업사회와 그 문화적 현실 속에서 '풍요'와 '안락'의 거대한 푯대는 사회의 구성원들에게 절대 불멸의 이상이자 삶의 가치를 판별하는 기준이 되었다. 소위 복지국가의 이상을 성취하기 위해서는 어떠한 전통적 가치나 의미도 인정받지 못한다. 풍요와 안락은 선한 것이고 아름다우며 품위 있는 것이라는 위대한 복음 앞에 순응하는 것은 일면 당연한 것으로 받아들여진다. 이에 기술과 과학은 경제·사회 체제를 이끌고 계획해 낼 수 있는 유일한 수단이자 주체가 된다.

기술적 처리능력의 발달 수준은 인류의 진보단계와 궤를 같이하는 것이며, 더욱더 안락하고 풍요해질수록 인생의 값어치가 높아지고 고급스러운 삶이 되는 셈이다. 이제 문화는 물질적 요소를 통해 판단하면서 "고급문화는 물질문화의 일부가 되고, 이와 같이 변형됨으로써 그 진리의 대부분을 상실한다."

고급문화의 전통적 영역은 예술 작품에서 볼 수 있다. 예술은 예술가에 의하여 일상에 대한 불안과 고통, 부조리, 한계를 화폭이나 음률 또는 시구와 같은 다양한 표현방식을 빌려 승화하는 것이다. 이는 예술가의 예민한 감수성으로 감지한 '소외감'에 대한 표현이며, 승화된 가치의 구현이다. "예술적 소외의 전통적 이미지는 그것들이 발전하는 사회와 미적으로 양립할 수 없는 일면 로맨틱해 보이는 것들이다. 이러한 불일치야말로 그 이미지의 진실성을 의미하는 것이기도 하다."

기술산업시대에 예술은 자본과 기술에 의해 지배된다. 기술의 통제 안에서 예술은 자본주의적 요소와 결합되면서 그 본래적 요소들을 잃게 되었다. 특히 기술문명으로 인해 예술의 초월적 요소에 속하였던 '소외'의 전통적 양태와 토양까지도 변질되어 버린다. 예술이 기술의 도구적 지배의 권한 안으로 빨려 들어가면서 전통적으로 지켜 왔던 예술의 고유한 양식들뿐만 아니라 예술의 본질조차도 흔들리게 되었다.

전자기술의 발달은 다양한 악기의 개발과 발명으로 이어 졌는데 음악적 표현의 다양성과 정교해진 표현 장르들을 양산하게 되었다. 더욱 화려하고 정교하며 보편적인 미의 가치를 기계적으로 실현하려는 노력들이 이어지면서 표현 의 예술, 이미지를 위한 예술, 상품을 위한 예술을 향한 성 과 경쟁은 점점 더 치열해진다.

이제 예술은 인간의 실존과 존재 자체에 대한 부정적 소 외감이나 현세에 대한 불만과 모순의 부정을 향한 여력을 잃게 된다. 오히려 현세에 대한 긍정과 이해의 논리를 확장 하는 시각을 전면에 내세우고 재등장한다. 즉 '긍정적 예술 의 특성'을 지니게 된다. 자본과 기술에 의해 만들어진 예 술은 살롱 뮤직, 콘서트, 오페라나 연극으로 보이는데 이때 소비자에게는 비판적 눈으로 접하거나 심도 있는 실존적 고민을 다루기보다는 마치 "제사에 참석할 때의 마음가짐 이 요구된다." 사회적 일상과 단절된 또 다른 형태의 소외 된 예술 작품들이 예술적 소외의 장르를 빌려 주제화되고 다루어진다.

현실과 괴리된 예술이 "고전으로 되살아날 때 그들의 작품은 이전의 그것들과 다른 것으로 되살아난다. 그 반항적인 힘과 진리의 본질적 요소를 이루던 소외를 박탈당하는 것이다. 이리하여 이들 작품의 내용과 기능은 근본적으로 변질되어 버린다. 그것이 과거의 현상과 대립하고 있었다면 지금은 그 대립이 없어진 것이다."

현실세계에 대한 결핍과 모순된 사회적 구조에 대한 부정이나 승화로서 기능하였던 '초월'로서의 예술은 다른 형태의 '초월적' 지위를 확보하며 그 모습을 드러낸다. 극히 현세적인 초월 또는 초월적 외양을 갖춘 비초월적 초월의 예술이다. 부정과 비판 기능이 소멸되어 오히려 현실을 인정하고 방어하기 위한 방편으로서 예술의 초월적 요소가 활용되는 것이다. "시적 언어는 일상 언어의 초월적 요소에 의존한다. 그러나 기존의 현실을 방어하기 위하여 모든 미디어가 전면적으로 동원되고, 그 결과 표현 수단은 등질화되며 초월적 내용의 전달은 기술적으로 왜곡되어 버린다."

좋은 것과 악한 것, 사랑과 증오, 의미와 무의미 등 현대인들의 삶에 주어지는 가치와 개념체계는 단순화되고 조작된 형태로 주입되어 그것에 익숙해질 것을 강요한다. 언론은 그와 같은 현실을 주도하는 유용한 도구가 된다. 많이 팔리는 책들을 매주 일간지에 올려놓음으로써 인기 있는 책을 읽을 만한 책, 더 나아가 좋은 책으로 전환하는 작업이 여론의 힘이다. 문화 예술계 대부분에서 이런 현상이 전개된다.

오페라 가수가 지닌 성악가로서의 예술적 능력보다 대중의 인지도와 입장료 가격 수준에 따라 그 예술적 가치를 예단해 버린다. 수십만 원씩 하는 오페라를 보고 나오는 대부분의 관객은 그보다 훨씬 저렴한 곡을 향유하는 이들에 비해 만족도가 높으며 그러한 의식구조의 배후엔 미디어의 도움이 존재한다. 특히 서로 장르가 다른 예술영역 사이의 분별과 가치는 시장과 문화적 주도권을 보유한 이들에 의해 정해진다. 예를 들어 판소리와 오페라의 가격 시장구조를 결정하는 요인은 결코 예술 내적 요소가 아님을 우리 모두 알지만 이를 두고 고민하고 시정하지 않는 것도 일면 일차원화된 욕구체계와 무관하지 않다.

자본과 기술의 전체주의적 요소가 우리의 가치와 욕구를 지배하지만 개인은 이를 의식적으로 부인하거나 각성하지 못한 채 살아간다. 예술의 초월적 가치가 부인되며 미적으로 고양되고 승화된 문학 작품이나 예술품들은 따분하고 무가치한 것으로 전락하기 쉽다. 문학 작품의 경우에는 판매망이 풍부하여 다수의 판매처를 보유하고 있는 출판사에서 나온 작품인지가 중요하다. 영화 역시 공급 업체가 얼마나 많은 상영관을 확보하고 있으며 공세적 광고를 해 주느냐가 성패를 결정한다. 거액을 투자하여 유명한 해외 예술가의 작품을 국내에 소개할 경우, 작품의 예술적 차원은 더 이상 관찰과 판단의 주제가 아니다. 그 작품이 높은 수준의 작품이란 점을 부인하는 사람은 예술을 모르는 이로 간주되어 버리기 일쑤이다.

　마르쿠제는 프로이트 정신분석학을 이용해 현대인의 초월적 상상력에 관한 부분에 심리적 구조에 대한 해명을 시도한다. "승화는 고도의 자율성과 통찰력을 요구한다. 그것은 의식과 무의식 사이의, 제1차 과정과 제2차 과정 사이의 지성과 본능, 부인과 반항 사이의 화해이다. 가장 고도로 완성된 양식, 이를테면 예술 작품에서 승화는 억압에 굴복하면서도 그것을 타파하는 인식능력이 된다." 예술의 본래적 기능이 '승화'이고 기존의 '현실원칙Realitätsprinzip'과 양립할 수 없는 문화적 이미지를 내포하고 있다고 본다면, 기술 산업사회 속 예술의 특징은 '탈승화'이다.

탈승화된 예술의 차원은 현실과 이상을 행한 초월적 가치 사이의 긴장이 사라진 예술의 특징들을 보여 준다.

첫째, 쾌락적 요소가 지나치게 중시된다. "쾌감원칙이 현실원칙을 흡수하고", 성性과 같이 활용 기재가 될 수 있는 것들을 경제적 원리 또는 권력적 지배의 수단으로서 도구적으로 활용된다. 이와 같은 욕구 충족구조는 동시에 쾌락원칙을 억압하는 현상으로 이해될 수 있는 요소들을 내포하고 있다. 오히려 '성과원칙Leistungsprinzip'과 '쾌락원칙Lustprinzip' 사이의 불균형 상태를 양산하는 측면이 강하다.

인간의 행위는 '행위자의 내재적 동기', 즉 두 가지의 충동원리에 따른다. '쾌락원칙'과 '현실원칙'인데, 현실원칙은 '성과원칙'으로도 표현된다. 이는 인간의 삶에서 필요한 두 심리적 기재인데 프로이트는 양자가 조화롭게 어우러져 행동하는 인간이 건강한 인간이고 그와 같은 원리에 따라 작동하는 세계가 건강한 사회라고 보았다. 그러나 마르쿠제가 지적하는 사항은 현존하는 기술문명의 사회에서는 성과원칙에 의하여 쾌락원칙은 더 이상 기능하지 못한다는 점이다. 최대한의 노동과 착취를 덕으로 삼는 이 시대에 개인의 삶은 현실적 실적과 성과를 위해 더욱더 강력한 착취의 질서에 맞춰 구조화되었다. 충동의 자유로운 발현은 불가능하며, 이는 곧 현대인에게 있어서 '현존재에 대한 궁극적 부정'을 의미한다. 그렇지만 그들은 이와 같은 구조적 상황을 감지하지 못한 채 살아간다. 이미 또 다른 형식의 쾌락에 자신의 감각적 취향이 맞추어져 있기 때문이다.

자신의 존재감은 재정적 수입의 폭으로 결정되며 얼마나 효율적으로 자연을 파괴할 수 있는지에 따라서 인류의 우월감이 상승 효과를 낸다. 우리의 현재 행위가 궁극적으로 자기 자신과 인류의 실존에 대한 잔인한 파괴가 될 수 있으며 자신과 인류의 미래를 근절할 계획이라 해도 새로운 형식의 쾌락에 빠져든 이상 우리는 스스로를 절제하지 못한다. 사회구조적 측면에서 성을 대하는 방식도 이 현상과 연계되어 있다. 문화와 예술의 범주 안에서 성의 상품화는 오늘날 우리 사회에서 그리 새로운 주제가 아니다. 이는 대중매체와 같은 현대적 기술 기법에 의해 환상적 조화를 이루어 시민들을 즐겁게 한다. 스포츠나 버라이어티 쇼와 같은 문화적 활동영역에서 사람들은 즐거운 예술을 만난다. 쾌락을 주지 않는 예술은 무의미한 것이고 소비되지 않는다. 쾌락을 위해 더욱더 자극적이고 감각적인 모습으로 치장하고 요란을 떤다. 이는 자본 및 기술 의존도의 심화현상과 맞물려 있다.

둘째, 예술은 비현실적 초월의 차원에 스스로를 가둬 놓는다. 현실의 긴장과 모순된 사회적 문제나 윤리적 고민들에 대하여 더 이상 주제화하지 않는 동시에 예술의 주제는 관념적이고 추상적 주제에 안주한다. 현실적 주제를 다루는 것은 순수하지 못하고 전문성이 결여된 것으로 간주되기 일쑤이다. 예술은 하나의 전시물로 족하며 추상적이고 형이상학적 차원의 형상 자체로 머문다. '초월성의 정복' 현상은 소위 욕구와 의식의 일차원화된 상황에서 새로운 형태의 '행복의식'을 양산해 낸다. 이는 억압되고 '통제된 탈승화'의 단적인 모습이기도 하다. 통제되고 적응된 '탈승화'의 쾌감과 달리 승화의 차원에서는 억압적 사회가 개인에게 부과하는 부인의 의식을 보존하고, 그것을 통해 해방을 추구할 욕구를 품고 있다.

셋째, 탈승화된 예술은 반생명적 특성을 지닌다. 국부적 쾌락을 추구하는 이 시대의 예술엔 승화된 예술의 요소인 '에로스적 충동'이 제외되어 있다. 성적 에너지는 부자유의 도구로 전락해 자본이나 물질적 가치의 전리품처럼 저속해졌다. 아름다운 색상과 표현 양식들의 배후엔 이제 더 이상 생명과 자유가 없다. 자유가 억압되고 통제된 아름다움은 생명의 결여를 의미하며, 이는 달리 말해 리비도의 억압이 전제되어 있는 쾌락이기도 하다. 기술산업사회의 현실은 "에로스의 에너지를 줄이고 성 에너지를 강화함으로써 승화의 범위를 제한한다. 이로서 승화를 추구하는 욕구도 약화시킨다."

마르쿠제는 이 사회가 마치 인간이라는 유기체들로 이루어진 거대한 유기체조직과 같다고 보았다. 그리하여 개인과 사회는 서로 내재적 연관 관계에 있다. 인간의 행위는 충동의 지배를 받는데 충동은 에로스적 요소의 지배를 받을 수도 있고 타나토스적 요소의 지배 아래에 놓일 수도 있다. '에로스'는 "생명의 상징적 원천이요 존재의 속성"이다. 인간의 욕구나 충동이 생명이나 죽음을 향한 욕구로 드러나게 되는데, 마르쿠제는 프로이트의 표현을 빌려 전자를 '에로스Eros' 후자를 '타나토스Tanatos'라고 불렀다.

통제된 탈승화의 일상화 과정에 현대인의 일상은 현실감각의 맹목화로 치닫는다. 차단된 사고능력과 가치의 억압적 축소과정이 발생하며 욕구의 억업과 동시에 행복의식의 일상화를 낳는다. 기술문명의 파괴성과 부자유의 극단적 전개과정도 행복의식이 가득한 현대인들에게는 그리 큰 문제로 비쳐지지 않는다. 과학과 기술적 처리 가능성을 믿는 현대인들은 전 인류를 근절시킬 수 있는 엄청난 핵무기조차도 안정적으로 여긴다.

4. 자유로운 담론의 차단

마르쿠제에게 있어서 언어는 현대사회가 인간을 억압,

조종하는 데에 사용되는 효율적 수단이자 도구이다. 언어는 현대사회 체제가 조장하고 요구하는 긍정적 사유와 행위 질서에 의해서 조종, 규정된다. 소위 '기술적 합리성'이 주도하는 산업 기술문명이 일차원적 경향을 띠면서 오늘날의 언어는 본래 보유하고 있는 다양하면서도 보편적인 측면들을 축소, 폐기해 버렸다. 대신 저질스러운 비어나 속어 또는 단순화된 상징들이 그 자리를 차지했다. 이 와중에 언어가 갖고 있는 비판능력과 창조적 기능은 소멸되어 버리고 대화를 이끄는 소통 가능성은 이 사회의 억압적 코드에 일치하는 선별적 기능들만 유지할 뿐이다. 유용성과 조작된 자유의 표현방식이 그러하며 정치가들의 언어적 호언이 그러하다.

이와 같은 의미에서 현대 산업사회의 언어는 순응적이며 조작적 특성에 노출되기 쉽고 어설픈 행동주의의 도구로 전락하곤 한다. 그 배후에는 욕구의 조작과 행복한 의식이 만들어 내는 '새로운 형태의 순응주의'가 놓여 있다. 소위 기술적 합리성의 지배력은 그 능률과 생산성으로 문제들을 가려 버린다. 그리고 인간의 일상과 관련된 대상들을 모두

동화시키고 흡수, 조종하면서 그 우월성을 입증해 낸다. 자연과 인간의 파괴 가능성을 저변에 깔고 있지만 그것이 겉으로 드러나지는 않는다. 화려하고 멋진 외양에 경도된 소위 '선진시민'은 감동하고 순응하게 된다.

1) 전면적 관리언어

현대사회의 '조작주의operationalism', 언어가 어떻게 조작적 특성을 보이는지 마르쿠제는 다음의 몇 가지 특성들로 함축하여 설명하고 있다. 한마디로 말해 현대적 언어는 '의미의 축소', '변형', '정치적 왜곡화 경향'으로 정리할 수 있다. 이런 일련의 현상들은 언어의 '기능화' 및 '기능주의화'와 맞물려 있다고 보았다. "조작적 합리성의 사회에서 이 차원이 억압되는 것은 '역사의 억압'이고 이것은 학문적인 문제가 아니라 정치적인 문제이다."

첫째, 언어의 '기능화'는 의미의 축소 경향이다. 마르쿠제는 현대 언어가 언어의 술어적 기능을 명사적 의미로 축소, 대체하는 경향이 있다고 지적한다. 명사화는 언어의 기능주의화 과정에 자연스럽게 나타나는 경향인데 이로서 의미의 압축과 생략이 정치적 함의를 띠게 된다고 보았다. 사물을 명사화하고 의미의 표현을 명사적 용법으로 전환한다는 것에 대하여 마르쿠제는 "기능방식을 지시할 뿐만 아니라 그 실제적 기능방식을 배재함으로써 사물의 의미를 한정하고 폐쇄한다"고 밝힌다.

명사는 전체주의적이고 권위주의적인 형태로 문장을 지배하며, 문장에서 그 명사의 의미체계가 지배적 위치에서 코드화되는 '선언적' 기능을 한다는 것이다. 선언된 의미의 증명이나 반론, 비판 등은 용납되지 않는다. 공적인 연설문이나 공문에서 줄곧 나타나는 어법은 자기 증명적이고 분석적인 명제들인데, '자유, 평등, 민주주의, 평화' 등 정치가들의 연설문과 같이 공적 문서로 작성될 때 늘 분석적 명제 형식을 통해 자기 증명적 가설을 언급하는 방식으로 활용된다. 언설의 과정에서 말은 동의어나 유사어의 반복 형태로 전개되므로 실제로 질적 차별성이 있는 형태로 표현하거나 전개될 수 없다.

언어 기능화의 전형적인 예가 기호화일 것이다. 현대어는 약어를 통해 표현되는 예(NATO, SEATO, UN, AFL-CLO, AEC

그리고 USSR, DDR 등등)가 특히 많다. 또한 한국 사회에서 유사한 약어들이 빈발하는 것도 언어의 기능주의적 경향의 한 양태이다. 민주당, APT, KBS, YTN 등 언어의 의미 측면이 생략되거나 상징적으로 둔갑되어 버리는 경우가 많다.

둘째, 언어가 갖고 있는 의미의 '중립화' 경향이다. 자본과 기술이 권력과 만나면서 언어적 순화 과정은 중립화 경향으로 나타난다. 대립적 경향, 정치적 첨예한 관점 차이가 드러날 만한 사안들은 교묘하게 가공된 개념들로 대체된다. 사회적 통합과 파괴적 성질, 상업적 의도, 적대적 성향 등은 표현 자체에서 드러나지 않는다.

중립화 경향의 한 유형은 하이픈을 통해 여러 가지 의미를 연결시켜 놓고 그 고유의 의미를 흐려 놓는 방식이다. '과학적 군용 식사science-military dinner', '탄도 미사일 화기 탑재 원자력 잠수함nuclear-powered, ballistic-missile-firing submarine', '수폭의 아버지the father of H-bomb' 같은 표현들이 그런 경우이다. 또한 하이픈을 사용하지는 않았으나 언어적 의미의 중립화 경향을 이끄는 조어들이 많다. '냉전 전문가의 자유 아카데미the Freedom Academy of cold war specialists'와 같은 표현이나 평화유지군,

국내의 안전기획부, 다양한 정당명에 내재하고 있는 탈색된 개념과 의미들이 그 사례가 될 것이다.

앞에서 언급한 언어를 약어 형태로 활용하는 경향은 언어의 중립화 또는 의미 축소의 대표적인 전략이라고 마르쿠제는 분석하고 있다. '북대서양 조약기구'인 NATO에 군사 동맹의 성격은 전혀 드러나지 않으며, '국제연합'이란 의미의 UN이나 '원자력 위원회'인 AEC에도 그 조직의 성격과 특성은 드러나지 않는다. '독일민주공화국'을 의미했던 DDR나 '소비에트사회주의공화국연방'이었던 USSR에도 내재하고 있는 의미와 실제로 현존했던 국가체계의 모습과는 전혀 다른 정치 체제를 보여 준 경우이다. 설혹 민간사찰과 반민주적 공안 체제의 산물이고 조력자일지라도 각국의 정보기관을 이름 지을 때 언제나 긍정적 의미로 착색하려 노력하게 된다. 우리나라의 '안기부'나 미국의 '중앙정보국'인 CIA의 경우 이러한 예가 될 것이다.

셋째, 마르쿠제에 따르면 우리 시대의 언어는 '정치적 행동주의behaviorism'를 대변한다. 행동주의는 의미의 축소와 단순화를 토대로 이루어진다. "행동주의적 세계에서는 말과 개념이 통합되어 버리곤 한다. 아니 오히려 개념은 말에 흡수되어 버리는 경향이 있다. 개념은 일반화하고 표준화한 용법의 말에 의해 보여 주는 것 이외의 내용을 갖는 일이 없으며, 말은 일반화하고 표준화한 행동 반응 이외의 회답을 갖도록 기대되지 않는다. 말은 상투어가 되고 상투어로서 이야기하는 것과 쓰는 것을 지배해 버린다." 이로써 행동주의적인 유형의 의사소통 과정에서 진정한 의미의 전개는 소멸되어 버리고 형식과 축소된 의미만이 전체로서 드러난다.

전통적으로는 정치인의 헛된 구호나 연설에서 볼 수 있는 것이었으나 현대사회의 소통구조에서는 지식인이나 과학자의 정보 교환과 연구 성과의 발표에서도 그와 같은 모습을 볼 수 있다. 가령 인간 복제 여부를 판단하고자 할 때 인간의 존재 이유와 존재 의미에 대해서는 과학적 성과와 현존하는 관점에 의해 수렴되고 그와 같은 전제 아래에서 연구된 성과물에 의존한 대화만 유효한 것이다. 객관화 가능한 성과물 외의 것은 존재하지 않거나 존재한다 하더라도 유의미한 것이 아니기 때문이다.

마르쿠제는 현대사회에서 이루어지고 정치적 배후가 있는 모든 의사소통은 일종의 최면적 성격을 갖는다고 보았다. 기능적·조작적인 의사소통방식에서 인간과 권위주의적 요소 사이의 동일화가 관철된다. 언어는 협박인 동시에 찬미이기도 하다. 끊임없는 반복과정을 통해 가식과 친숙감을 구별할 수조차 없게 만들고 암시적 명령의 형태를 띤다. 그것은 논증을 넘어 감정적 환기와 유입단계로 진입한다. 서술이 명령이 되고 이성적 판단력은 흐트러진다. 이는 끊임없이 반복된 결과이고 교묘하게 조작된 의사소통의 대중 지향적 직접성이 이룬 결과이다. 이러한 의사소통은 신분이나 교육, 직책과 무관하게 직접 듣는 사람과 접촉하고 남녀노소 구분 없이 거실, 부엌, 침실까지도 제한 없이 들락거린다.

언어의 기능주의화와 조작적 합리성의 일반화는 역사의 억압과 연결되고 정치적 성격을 띤다는 것이 마르쿠제의 생각이다. 이는 정치적 부자유의 봉사자이자 인간과 사회의 억압을 위한 도구로 언어가 활용되고 있음을 의미한다. "기능적 언어는 근본적으로 반역사적 언어이다. 바꿔 말하면 조작적인 합리성은 역사적 이성이 작용하고 기여할 여지를 거의 남기지 않는다. … 기억이 보존하고 있는 것이 역사이다. 이것도 행동세계의 전체주의적 권력 앞에서 굴복한다."

말은 본래 역사적 성격을 갖는다. 의미와 가치의 표현 수단이고 삶이 용해되어 있는 것이 언어다 보니 사람의 말에는 삶이 스며 있고 삶의 가치가 투영된다. 사람이라는 생체 조직 자체가 일종의 역사적 존재이기 때문이다. 인간의 몸 속에, 욕구와 의식 속에 시간성과 공간적 의미가 전제되어 살아가듯이, 시간과 공간이라는 역사적 조건을 함유한 유기체인 것이다. 또한 언어는 그 기능이 삶을 담는 그릇에 한정되는 것이 아니라 인간이 살아갈 수단이기도 하다. 살면서 터득하는 옳은 것, 바람직한 의미를 전하고 계승하며 실천하는 매체인 것이다. 조작적 합리성의 사회에서 말은 조작적 가치의 매개체이자 조작 주체의 도구가 된다.

기억이 결여된 인류에게 진보적 가치나 의미는 무가치한 것으로 간주된다. 사람의 이성과 삶은 현존가는 가치와 세계의 요구에 순응하는 것이 합리적인 것이며 행복을 가져온다고 믿는다. 자본주의적 사회에서 철학은 행복과 쾌락을 그 무엇으로도 대체할 수 없는 절대가치라고 설명한다. 문제는 이와 같은 욕망의 실현과 '행복의식'의 보유 가능성이 철저히 과학과 기술의 처리능력에 종속되었다는 사실이 철학적 해명의 과제에서 제외되어 있다는 점이다.

전통적으로 인간의 이성과 의식의 자유는 도덕적 선의 기준이자 인류의 역사를 올바로 유도해 내는 '실천의 힘'이자 '계기'였다. 이는 모순된 현실을 비판하고 부정해 냄으로써 오늘과는 다른 '시간'을 꿈꾸는 도덕적 희망이기도 하였다. 그러나 이제 이성적 사유는 기술적 처리과정의 부산물로 전락하였다. 이는 '행복의식'이며 비판능력이 사라진 '순응하는 의식'이자 '역사성을 망각한 이성'이다. 화려한 상품 광고와 대중언론이 제공하는 정보나 요구 사항에 '순응하고 안주하는 이성'이다.

조작된 합리성에 의해 지배되는 기능주의적 언어는 비판적이거나 반성적 기능을 잃고 폐쇄적 성격의 언어가 되어버린다. "완전히 폐쇄된 언어는 증명이나 설명을 하지 않는다. 그것은 단순히 결정된 사항이다. 단정적 내용, 명령만을 전달할 뿐이다. … 판단은 '예단의 형식'으로, 간주되고 이것이 단죄를 표명한다. 이를테면 '분리주의자'라든가 '수정주의자'라는 말의 '객관적 내용', 다시 말해 정의는 형벌 규정집의 정의이고, 이런 부류의 확인은 현존 권력의 언어가 진리의 언어라는 의식을 조장하는 셈이다."

마르쿠제는 이와 같이 소통 가능성이 차단되고 의미와 가치가 조작된 합리성의 언어를 권위주의적 언어라고 불렀다. 그는 의식적으로 고착된 "권위주의적 언어는 오늘날 민주주의적 국가나 비민주주의적 국가, 자본주의적 또는 비자본주의적 국가를 통틀어 전 세계에 퍼져 있다"고 비판한다.

이와 같은 언어가 세상에서 사용되는 방식을 보면, 언어적 체계 자체가 반성, 추상, 전개, 모순과 같은 언어의 본질적 요소에 해당하는 상징 요소들이 축소되고, 개념 대신 이미지를 전면에 배치함으로써 본질을 감춰 버린다. 이런 과정을 통해 초월적 의미를 함유하는 어휘를 부정하거나 흡수하고, 진리와 허위를 탐구하는 것이 아니라 그저 주어진 의미를 확고히 하는 데 만족할 뿐이다.

의미의 이해와 내면화 과정은 점차 생략되며, 사람들은 주어진 언어적 의미 덩어리를 공감하거나 이해하는 과정을 생략한 채 행동하게 된다. 사람들은 조작적 개념이나 진술을 믿지 않는다. 아니 이해하고 공감하는 과정 자체를 자발적으로 생략해 버린다. 그럼에도 불구하고 행동은 우선적으로 감행한다. 소위 언어의 '마술적·제의적' 경향이 그것이다. 상거래나 욕구 충족 행위가 발생하는 장소에서 빈번히 일어나는 것들이다. 이렇게 일을 하고 물건을 사고파는 행위로 이어지면서 처음 했던 진술은 저절로 정당화되는 것이다.

2) 전면적 관리의 탐구

언어가 조작적 합리성의 통제 안에 놓이게 되고 사람 간의 소통과 의미 교환이 기능적 한계에 직면한 현대적 언어를 마르쿠제는 '일차원적 언어', 일차원적 세계의 표층으로서의 언어라고 불렀다. 인간의 본질적 가치를 더 이상 인정하지 않으며, 현존하는 사회적 층위를 드러내는 가치를 절대시하고 긍정하도록 육성하며 더 나아가 의미와 개념을 축소하는, 그리하여 매우 합리적인 것처럼 비쳐지는 언어와 소통체계가 바로 일차원적 언어이다.

언론의 자유, 사상의 자유, 사회적 안전망이 공허한 가운데 민주적 사회체계는 그 무엇도 억압하고 있지 않은 것으로 보인다. 개인과 사회는 원활히 통합되어 있고 개인은 사회에 기여하며 사회는 개인의 자유를 보장한다. 다만 그들의 생각과 개념은 전통적으로 존중하였던 가치와 의미에서 빠져나와 조작적 용어로 번역된 그 무엇을 구분해 낼 능력이 없다. 사고력이 지니는 부정의 힘이 약화된 결과, 생각이나 관념과 현실 사이의 긴장 관계가 더 이상 줄다리기하기를 잊어 버린다.

"개념이란 반성과정의 결과로 이해하고 파악하고 인식한 어떤 것에 대한 심적 표상을 가리키는 것이다. 그 어떤 것은 일상적 실천의 대상일 수 있다. 또는 상황, 사회, 소설의 대상이 될 수 있다. 어떤 것이든 그것들이 파악된다면, 그것들은 사고의 대상이 된 것이며, 이러한 것으로서 그 내용과 의미는 직접적 경험의 실재적 대상과 동일한 것인 동시에 이것과 구별된다. '동일'하다는 것은 그 개념이 같은 사물을 가리키는 한에 있어서 그러하고, '구별'된다는 것은 그 개념이 반성의 결과인 한에 있어서 그러하다. 반성은 이 사물을 다른 사물과의 관계에서 이해하고 있기 때문이다."

우리가 무엇을 안다, 인식한다는 것은 개념화한다는 것을 의미하며, "모든 인식한 개념은 '이행의 의미'를 내포한다." 즉, 제대로 인식한다는 것은 인식 대상의 개별적 사실이나 기술적 관계 자체에 대한 파악 수준이 아니라 그 관계성을 초월하는 것까지 내포하는 것이고 그것이 바로 개념인 것이다.

이러한 맥락에서 마르쿠제는 현대사회의 대체적 현상의 하나로 의미의 조작화를 지목하였는데, 이런 현상의 귀결로서 철학과 사상에 있어서 개념의 축소나 왜곡이 일어나며 동시에 사물에 대한 이해나 관점을 갖는 데 있어서 보편적 현실성을 둔화시킨다고 보았다. 더 나아가서 "개인이든 사회든, 정신이든 물질이든, 인간적 현실의 분석을 이처럼 축소된 개념이 지배한다면, 그로 인해 도달하는 것은 거짓된 구체성, 즉 현실을 구성하는 조건으로부터 동떨어진 구체성"을 띠어 실천적 이행의 동력이 소멸될 수 있는 것이다.

언어가 보유하는 주요 기능 중 하나는 '치료의 효과'이다. 그러나 현대의 자본주의적 사회 내에 조작적 의미로 활용되고 있는 개념들 안에서는 조작적 치료 효능 외엔 아무것도 보이지 않는다. 진정한 치료일 수 없다는 의미이다. 의미의 축소나 정보의 통제, 왜곡이 그 배후에 있기 때문인데 이는 일차원화된 시민들의 욕구체계에 상응하는 효과를 보여 준다.

마르쿠제에 의하면 "치료적-조작적 개념은 그것이 사실을 고립화하고 억압적 전체 속에 고정시키며, 이 전체의 용어를 분석 용어로 받아들이는 정도에 따라 거짓된 것이 된다. 이렇게 하여 보편적인 것의 조작적 개념으로서의 방법론적 번역은 사고의 억압과 축소가 되는 것이다." 가령 사회과학적 언어나 추론과정에 그 사례를 보여 주는 경우가 있다. 설문 조사나 마케팅 연구, 여론 조사 등이 그러한 사례로서 이것은 주어진 조건을 전제로 기획, 탐구하고 결론을 지어 활용하는 과정에서 내적 정당성을 취득하곤 한다. 그러나 그 정당성이란 것이 그럴듯해 보이면서도 조작적 성격을 지니는 경우가 많다.

최근 네덜란드에서 발표한 연구 결과에 따르면 "커피를 네 잔 이상 마시는 사람이 다른 사람에 비해 A라는 병에 걸릴 확률이 절반 이하"라고 하는 식의 통계가 있다. 사실 이런 류의 사회과학적 접근의 맹점은 탐구영역 밖의 전제 사항들에 대하여 주제 안에서 고려하지 않는 경우가 많다. 가령 하루에 커피를 머그잔으로 네 잔을 마실 수 있는 사람은 보통 사람들에 비해 매우 건강한 사람이다. 그런 사람이라면 A라는 질병에 대한 면역력이 뛰어날 가능성도 그만큼 높은 것이다.

조작적 사유의 체계나 원칙들에서도 보편성이나 객관성 등은 늘 전제 요소가 된다. 그러나 사유의 보편성이나 객관성을 해치는 핵심 요인들이 은폐되어 있는 경우가 많다. 대체로 정치적 배경이나 경제적·역사적 의미들이 그 예가 된다. 권력과 자본이 배후에 놓여 있을 경우, 그것을 의도적으로 감추거나 산업자본주의적 환경 안에서는 그 은닉된 사실을 당연한 것으로 일반화하는 일이 종종 발생한다. 이런 현상은 위의 사례에서 보았듯이 기존 사회제도의 조직체 안에서 사회적 조건을 개선하려는 의도로 제시된 방법론들에서 나타나곤 한다. 가령 산업사회학, 동기 조사, 마케팅, 여론 조사나 사회문화 현상을 연구하는 경우들이다.

특히, 선거철에 이루어지는 설문 조사는 사유의 조작적 요소를 극단적 형태로 왜곡, 활용하는 일이 가장 빈번히 발생하는 영역이다. 예를 들어 'B 후보'에 대한 선호도 조사를 한다고 가정하자. 조사자들은 정교한 계산 끝에 문항을 만든다. 'B는 우리 지역의 국회의원이 될 마땅한 자격을 지녔는가?' 'B의 경력으로 볼 때 그가 국회의원이 될 자격이 있는가?' 'B는 우리 지역 국회의원 후보군 중에 가장 지명도가 높은가?' 'B가 국회의원이 된다면 그에게 어떤 능력이 있어서라고 보는가?'라는 식의 교묘한 물음들 사이에서 조사자들은 자신들이 목표로 하는 데 가장 적합한 결론을 얻을 수 있는 질문을 선택한다. 이는 설문 응답자의 대상과 성별 및 연령 분포도를 결정하고, 인터뷰 또는 설문지 등 모든 부분에 있어서 설문방식을 선정하는 경우에 매우 섬세한 계산이 요청되는 부분이기도 하다.

신약 개발과 새로운 의료 시장의 확보를 위한 인간 복제 연구나 핵발전소의 증설 관련 논의에 있어서도 이와 같은 실증주의적 판단이 중요하다. 실증주의적 사리 판단의 종착지는 산업자본주의적 현실 세계 안에서 결국 자본이 움직이고 생산성을 담보하는 영역, 즉 경제적 실용성을 최우선에 두는 영역으로 귀결되기 마련이다. 위험 인자에 대한 증명 불가 요인이 부각되고, 위험 요소들에 대해서는 어차피 과학과 기술을 통한 대안 외엔 다른 여지가 없다고 강조하며, 결국 약육강식의 험난한 세상에서 생존을 위해서는 그것이 피할 수 없는 선택임을 강조하고 경제적 혜택의 장밋빛 유혹으로 논쟁을 종결지어 버린다.

조작적 개념의 원칙은 일반 기업의 경영에서도 나타난다. 조작적 논리체계를 통해 기업을 경영하는 기안자는 회사의 기업 내적구조 문제나 일반 노동자의 처우 문제로 지적될 만한 사항을 개인적이고 특수한 문제로 축소해 버리는 묘수를 쓴다. 가령 '노동자들의 작업현장이 열악하며 화장실 상황이 그를 대변한다'라고 언급된 사항에 대하여, '화장실이 더럽다'로 번역하여 노동자 처우 문제를 단순히 화장실 관리 부족의 문제로 축소해 버린다.

한 노동자가 지역 신문에서 자신의 생활을 언급하며 보수의 수준이 너무 열악하여 병중에 있는 아내의 병원비를 조달하는 문제의 어려움을 하소연하였다고 할 때, 이것을 조작적 관점으로 기술하고자 한다면 임금 수준과 노동자의 복지 환경을 논하기보다는 '가족이 아플 때에 일반 노동자가 감당하기 어려운 병원비' 쪽으로 관점을 몰아갈 것이다. 정치적·사회구조적 문제는 사적 문제로 치환되며 개인이 해결해야 할 불행으로 서술된다.

민주주의의 정치구조에 대한 조작과 일반화도 이와 비슷한 논리로 전개된다. 민주주의의 핵심가치는 정치적 경쟁과 경합 시에 '동의'구조가 투명하게 드러나야 한다는 데 있다. 그러나 마르쿠제는 미국의 정당구조를 예로 들어 설명하면서 양당구조의 틀 속에서 조작된 동의구조를 전제하고 있다고 비판한다. 가령 미국의 정치문화에서는 양당구조 자체를 당연시하고 그 틀 안에서 정치적 싸움이 발생하고 있다고 보고, 기존의 제도적 틀 자체가 구조적 문제이거나 반민주적 체제를 양산할 가능성은 받아들이지 않고 오로지 개인에게 체제에 순응할 것만을 강요한다는 것이다. 선거철 투표가 민주적 권리 행사요, 투표를 거부하는 것은 민주적 권리를 포기하는 비민주적이거나 민주의식이 부족한 개인의 잘못된 행위로 치부되어 버린다. 오늘날의 민주주의가 제도적으로 담아내지 못하는 문제나 정치의식의 질적 차이에서 유래한 문제 등은 고려하지 않고 있다.

이 시대의 언어와 사유체계에 있어서 비조작적이며 진실된 개념들은 비현실적인 것으로 치부되기 쉬우며 억압과 조롱의 대상이 되기도 한다. 정치영역에서 볼 때 조작주의자들은 정치를 일종의 통제라는 관점에서 이해한다. 그리하여 조작주의적 한계를 벗어난 상상을 하고 근본을 찾아나서려는 노력은 허구나 무의미한 것에 불과하다고 본다. 그러나 사변적 허구를 극복하고 민주주의의 역사적 의지를 구현하며 민주주의를 위해 투쟁해 온 오랜 가치의 복원이야말로 오히려 철학이 오랜 기간 추구해 온 지향이자 의미에 해당되는 것이다.

"조작적 개념은 사실을 기술하는 데에도 만족스러울 수

없다. 그 이유는 사실의 어떤 측면과 단편에만 도달하는데, 그것은 총체적으로 볼 때 객관적·경험적 성격을 제거하는 결과를 가져오는 것이기 때문이다." 동시에 민주주의적 '동의'구조는 보완되어야 한다. 동의의 이름으로 히틀러를 추앙했던 반민주적 구성원들에서 보아 왔듯 진실된 민주주의의 조건은 동의와 목적의 일치에 있다. "동의 자체가 그것의 내용, 목적, 즉 '가치'에 대하여 평가되어야 하며, 이 단계가 의미의 이행적 성격을 포함할 것이다."

3장
일차원적 사유

1. 부정적 사유: 패배한 저항의 논리

"실제로 존재하는 것은 진리일 수 없다"와 "현실적인 것은 이성적이다"라는 서로 상반된 것처럼 보이는 두 전통적 명제 사이에서 마르쿠제는 공통점을 보았다. 두 명제는 의미를 함축적으로 표현하다 보니 오해를 불러일으킨 부분이 있으나 공통적으로 함유하고 있는 의미는 "현실과 현실을 이해하려는 사유와의 상반되고 대립된 구조를 표현하고 있다는 점이다. 아울러 우리가 살고 있는 세계가 존재의 영역, 본질적 가치를 증명해 내기 위해서는 현존하는 세계,

실재하는 요소들이 파괴되고 변형됨으로써 전복돼야만 한다"는 것이다.

"주관의 세계와 객관의 세계를 하나의 상반되는 통합체로 연결해 내는 이성=진리=실재의 등식에서 이성은 전복시키는 능력이며 이론적 이성으로서나 실천적 이성으로서 인간과 사물에 진리를, 다시 말하면 인간과 사물이 진정한 존재가 되게 하는 조건을 확립하는 '부정의 힘power of the negative'이다. 이론과 실제적 현실에 있어서 이와 같은 진리가 주관적인 조건이 아니라 객관적인 조건이라는 것을 밝히려고 하는 것은 서구사상의 본래부터의 관심이며 이 논리의 근원이었다."

독일에서는 후설의 『유럽학문의 위기와 초월적 현상학』[6] 이후 전통 철학의 학문적 패러다임과 그 한계에 대하여 구체적으로 언급, 토론되기 시작하였다. 이 논의에 특히 자본

---

6 Edmund Husserl, *Die Krisis der europäischen Wissenschaften und die transzendentale Phänomenologie*(1936).

주의적 기술문명의 시대를 맞아 전통적 철학의 패러다임과 새로운 현실 사이의 괴리에 대한 고민들이 주제화되었고 토론되었다.

이들 논의의 출발점을 이룬 일반적 시각은 첫째로 철학 존립의 중요한 의미였던 세계 이해와 설명의 수단으로 기능했던 기존의 전통 이론 및 논리가 방법론적 한계에 직면하고 있으며 단지 '무기력한 이론 자체를 위한 이론'으로 전락했다는 것이다. 아울러 이 배후에는 과학과 기술이 제공하는 논리가 이론의 원리로 작용한다고 보았다.

둘째, 이와 같이 철학의 이론과 체계가 과학과 기술의 축소된 논리의 지배를 받게 되면서 현재 우리의 세계와 인류에게 주어진 문제 상황들을 극복해 낼 실천적 대안을 제시하지 못하고 위기 상황에 대한 대응능력이 의심받게 되었다는 점이다. 이는 소위 대량생산과 소비로 대별되는 대중 사회의 맹목적 현상과 관련되어 있다. 기술과 과학의 단순화된 논리로 재생산된 자본주의적 소비사회의 포로가 된 개인은 이상적 삶을 향한 실천적 의미나 가치를 지향하기보다는 가시적이고 현세적인 가치를 추구하는 경향을 보이기 때문이다.

이와 같은 문제에 공감하였던 후설은 기존의 전통 철학의 배후에 있는 '역사주의'와 '과학주의'를 겨냥하여 소위 역사이성과 과학이성의 맹목화와 한계를 비판하고 있다. 이후 비판이론자들 역시 당시 사회비판을 통해 후설과 마찬가지로 기존의 전통 독일 철학과 그들의 방법론에 대한 비판적 안목을 피력하고 나선다. 그들은 후설과 마찬가지로 기존의 철학적 사유가 지나치게 단순화된 과학과 기술의 논리에 의해 왜곡, 축소되어 있다는 점을 확증하였다. 하지만 더 나아가 그러한 현상의 배후에는 인간의 이성과 역사적 가치의 소외가 그 핵심 요인으로 자리한다는 사실을 지적하고자 하였다. 즉, 기술과 과학적 논리의 지배권 아래에 있는 철학은 이제 더 이상 인간과 사회의 '역사적' 또는 '인류적' 가치를 다룰 능력을 보유하고 있지 못하며, 이로 인해 무기력해진 이성과 철학은 자본주의적 이데올로기를 포장하고 재생산하는 '도구'이자 '수단'으로 전락했다는 것이다.

마르쿠제가 비판하고 있는 현대 철학의 사상사적 경향들은 주로 자본주의적 논리로 단순화된 실용주의적 사조들과 분석 철학 또는 논리실증주의로 대별되는 인식 철학들이다. 그들의 공통점은 사회적 현실의 문제를 지나치게 단순화하여 이해하고 있거나 그에 대해 무관심하다는 점이다. 즉 마르쿠제는 철학이 사회 문화적 현상에 대하여 무관심한 모습을 보여 줄 때 철학은 무기력하며 비실천적인 인식론에 머물게 되고, 오히려 현존 권력논리의 도구이자 소모품으로 전락할 수 있음을 경고하는 것이다. 이는 인간과 자연 등 철학이 추구해 왔던 기본 개념에 대한 축소나 왜곡으로 나타난다. 이제 철학은 기본 개념의 조작과 왜곡을 바탕으로 지향가치를 달리하게 된다. 변형된 철학은 자본주의적 일상에 적용되고 논리적 정당성을 제시한다. 대중매체나 상품 광고와 같이 산업자본주의의 생산과 소비문화는 '축소되고 왜곡된 이미지'의 결정판이다.

상품 광고의 이면에는 물건의 질과 무관하게 조작된 이미지가 자리하며, 이는 사실 고도로 계산된 판매 전략의 하나이다. 언론은 현실을 지배하는 왜곡된 지배 이데올로기를 천연덕스럽게 공표하며, 어쩌면 수천, 수만 명의 인명을 앗아갈 전쟁을 합리화한 기사가 언론의 자유와 언론인의 양심을 전면에 내세우며 보도된다. 그 배후는 극도로 치밀하게 제도화된 사회 체제 내에서 대중언론인이 접할 수 있는 정보의 질 문제와도 무관하지 않다. 한편 비판 정신이 마비되어 버린 일차원화된 개인들은 자신이 처해 있는 국가나 사회의 정치적 입지를 두둔하며 자신의 일자리만 보장해 준다면 그 어떤 비인간적이고 공격적인 기사라 할지라고 무감각하게 받아들이고 때론 그 합리적 판단에 감동받곤 한다.

'동일화' 현상 또한 의식의 마비에 수반되는 한 유형이다. 물질적 가치와 상품의 자본질서를 최우선으로 삼는 자본주의의 제도적 합리성은 우리의 욕구체계를 조작하고 일상 자체를 동일화하는 과정에서 생각과 가치관까지 통제하게 된다. 동일화 경향은 현대 기술문명의 특징인데 다음과 같은 양태로 나타난다.

무수히 많은 자료와 주제들을 일시에 유사한 이미지의 물건들로 치환하여 쏟아 놓게 되면 모두 그렇고 그런 대상들로 보이게 된다. 가령 세월호의 참혹한 풍경과 5·18의 사진, 시민들의 데모 사진, 핵발전소의 위험성과 참혹한 현실을 담은 사진 등을 보여 주면 이해 주체가 동일한 공간과 상황 속에서 공감하고 수긍하게 되는 과정이 절약된다. 단지 대상화된 관람 주제로서 뉴스 자료나 보도 자료들을 접하게 될 때 독자는 긴장감이 사라진 상태에서 분별력을 갖거나 판단하기 어려워진다. 더 나아가 어떠한 참혹한 또는 자극적인 사건을 접하더라도 인지능력이나 비판할 수 있는 관점 또는 시야가 소멸된 상태로 살아가게 된다.

저항의 의미와 가치를 상실한 개인들에게 선과 악, 합리성과 불합리성은 그리 큰 차이가 아니다. 모든 가치의 차별성이 붕괴되어 버리면 그 근저에 놓여 있는 원시적인 폭력성과 왜곡된 욕구가 나의 주인으로 자리하게 된다. 현대사회를 지탱하는 민주적 가치나 자율성, 합리성 등의 선호가치는 다양한 선택 사항 중 하나로 전락하며 현실적으로 물질적 욕구를 충족해 주는 자본가치에 비해 유익하지도 않고 그 의미를 인정받지도 못한다. 오히려 자유로움과 개방성을 가장한 선호가치가 기존의 인륜적 가치를 지배하고 자본력과 정치권력을 내세운 새로운 패배주의가 양산되는 것이다.

마르쿠제에 따르면 체제의 폐쇄적 구조를 통해 정치력을 유지, 확대해 가는 주도자들은 기술과 과학의 모든 수단을 동원하여 더욱더 순응하고 '일차원화된' 개인들을 필요로 한다. 산업자본주의 내 피교육자들에 대해서는 그들이 거대한 소비산업 체제에 얼마나 기민하게 순응할 준비가 되어 있는가가 '인정받는 시민'의 요건이 된다. 개인의 비판적 안목은 체제를 위협하지 않고 유지, 강화할 수 있는 선택적 대안으로서만 의미를 지닌다. 인간의 환경과 자연 또한 기술적 처리과정에 '유용한' 처리 대상 또는 극복 대상일 뿐이다. 과학적 분석의 기준과 수치의 기준에 포착될 수 없는 요소들은 그 존재가 인정되지 않는다.

마르쿠제에 의하면 철학의 과제는 현대 산업사회의 기술적 작업이 가치 중립적일 수 없으며 오히려 경제적 또는 정치적 계획을 그 내부에 세우고 있다는 사실을 규명해야 한다. 그는 비판이론의 목표 역시 인간의 부자유와 억압적 사회구조를 극복하며 인간의 생존과정에서 경제적 가치로 양산된 '주관성의 가치를 인정하는 것' 이상의 의미를 제시할 수 있어야 한다. 철학적 이성이 경제질서의 구축을 위한 도구로 기능하는 것에 그치지 않고 개인의 자율적·역사적 가치가 장차 경제발전을 규정하는 데까지 이르게 하는 것이다. 이는 철학적 상상력의 과제이자 미래를 위한 실천 행위이다.

현대 산업사회의 조작적 성격이 치밀하고 극단화되어 가고 있으나 현상적 세계와 이상적 가치 사이의 긴장과 양자 사이의 소외된 구조는 오랜 전통을 지니고 있다. "실제로 존재하는 것은 진리일 수 없다"는 명제와 같이 우리의 현실과 구체적 일상에는 자유와 억압, 생산성과 파괴, 성장과 퇴화 사이의 긴장과 반목 관계가 늘 존재해 왔다.

고대 철학에서부터 철학의 중요한 도구이자 철학적 논의의 출발점이었던 '이성'을 진실과 허위, 존재와 비존재, 자아와 피아 또는 타자성의 이질적 요소를 분별하고 규명하는 심판관이기도 하였다. 존재하는 현상의 배후에 대하여 질문하는 능력이며 존재하는 것의 본질이자 실제이며, 존재의 존재에 대한 해명이다.

진리를 얻으려는 노력은 존재의 비밀을 규명하는 일이며, 존재의 비밀은 가시화되어 나타나는 현존가치와 현실의 권력이나 힘 사이의 대립과 갈등을 의미하는 경우가 많았다. 그런 의미에서 철학의 과제는 '진리를 위한 투쟁'이었으며 존재의 본질에 대한 '파괴와의 싸움, 존재의 구제를 요구하는 투쟁'이었던 것이다. 여기에서 우리는 마르쿠제가 두 개 또는 그 이상의 다양한 세계관이 존재한다는 것을 전제했음을 알아챌 수 있다.

"진리를 위한 투쟁은 파괴와의 싸움이며 존재의 구제를 요구하는 투쟁이다." 이성은 늘 스스로의 능력으로부터 현실세계 안에서 상반되고 대립되는 세계에 대한 경험을 하기 때문이다. "대립적인 세계의 경험이 철학적 범주의 발전을 이끌어감에 따라 철학은 스스로 파괴된 세계로 이행한다. 현상과 실재, 비진실과 진실(자유와 부자유)은 존재론적 조건이다."

허위와 진실, 가상과 실재, 이상과 현실 등 이분법적 시각 또는 존재에 대한 다차원적 관점과 시각들을 통합하고 하나의 보편적 원리로서 설명해 보려는 시도들이 철학적 담론 안에서 주요 과제였던 것은 주지의 사실이다. 마르쿠제는 인간과 세계의 존재원리를 설명하고자 했던 그리스 철학자들의 노력에 '역사적 요소'가 내포되어 있다고 보았다. 왜냐하면 인간의 본질을 규명할 때 그가 노예였는가 자유시민이었는가, 그리스인인가 야만인인가를 해명하는 일 자체가 사회·역사적 사건임을 의미하기 때문이다. 존재론 자체가 실천 철학이고 역사 철학이었던 것이다.

플라톤과 아리스토텔레스 철학의 존재론의 핵심은 현실 세계에 대한 '부정성否定性'이다. 현실은 드러나 있는 세계이자 인간에게 체험 가능한, 유일한 감각적 대상이며 "불완전한 현실화이고 변화에 지배된다." 이와 같이 체험 가능한 대상으로서의 현실은 "진리가 아니다."

아리스토텔레스는 로고스와 에로스의 이질성을 통합적으로 설명해 내려 한다. 사랑함 자체가 궁극의 원인에 대한 이끌림이고, 로고스 역시 완전한 실재에 대한 해명과 추구를 위해 촉발되는 의지이자 노력으로 나타난다. 이는 둘 다 '존재의 궁극적 원인'과 무관하지 않으며 로고스와 에로스의 다른 양태로 보일 뿐 "그 자체로 긍정적인 것과 부정적인 것, 창조와 파괴의 통일"로 기능한다고 해석한다.

철학의 목표인 진리 추구에서 과학과 기술의 총체적 지배가 일반화되면서 기존의 철학적 가치는 '무력하고 비현실적인 것'으로 간주되곤 한다. 그것은 기존의 전통적 철학이 가진 논리적 추론체계와도 무관하지 않다.

"아리스토텔레스는 로고스의 특수한 유형(대화, 의사소통)을 구분하기 위해 '단언적 로고스apophantic logos'라는 용어를 사용한다. 이 로고스는 진리와 거짓을 발견하며, 또한 로고스의 전개과정에서 진리와 거짓 간의 차이로 규정된다. … 아리스토텔레스의 철학은 이 존재론적 기반에서 출발하여 모든 가능한 진리 또는 거짓인 단언의 '순수 형식'을 확립하는 작업으로 진행한다. 이런 식으로 판단의 형식논리가 구축되는 것이다." 마르쿠제는 아리스토텔레스 이후 형식논리의 추론과정에 중시되는 논리학적 과제나 유효 범위에 보이는 제한과 편견을 '존재론적 편견'으로 부른다. 다만 고전적 논리체계는 그와 같은 형식논리 안에 침잠되어 있었던 것이 아니라 형식논리로 해명되지 않는 다양한 현실적 모순과 갈등을 이차원적 사유방식인 변증적 논리를 통해 해명하고 있다.

변증법적 사유의 우선적 관심은 '이다'와 '이어야 한다' 사이의 긴장을 존재론적 구조 분석을 통해 해명해 내는 일이었다. 마르쿠제에 의하면 변증법적 사유와 형식논리와의 근본적 차이는 '구체적 실천'을 염두에 두고 있는지에 달려 있다.

"사유는 자신을 초월하여 실천으로 옮겨 가지 않는 한, 그러한 변화를 실현할 힘을 갖지 못한다. 그리고 바로 철학을 낳게 하는 모체인 물질적 실천으로부터의 분리는 철학적 사유에 추상적이고 이데올로기적인 성질을 부여한다. 이 분리로 인해 비판적인 철학적 사유는 필연적으로 초월적·추상적이 된다. 철학은 모든 진정한 사유와 함께 이 추상성을 공유한다. … 그러나 추상에도 거짓된 추상과 참된 추상이 있다. 추상은 역사적 연속성 중의 한 가지 역사적 사건이다."

변증법적 사유과정에서 추상 작용은 역사적 연속성 중의 한 가지와 연계되는 '역사적 사건'이다. 그것은 역사적 근거에 기초하여 진행되며, 그것의 출발점인 기반, 즉 기성사회 전체와 관련되어 있다. 그와 같은 의미에서 변증법은 비과학적이며 동시에 형식주의적 논리학이 될 수 없다. 왜냐하면 그것은 현실적인 것에 의해 규정되고 그 현실적인 것은 구체적이기 때문이다.

변증법적 사유의 추론과정이 진행될 때 역사적 내용과 사실들이 반영되어 그 개념의 규정과 추론 방법론을 규정한다. 이와 같은 과정을 거치며 역사성은 사적 사유의 구조와 현실 사이의 실질적 가교 역할을 하게 된다. "논리학적 진리는 역사적 진리가 된다. 본질과 현상, '이다'와 '이어야 한다'의 존재론적 긴장은 역사적 긴장이 되고 자연 및 사회와 투쟁하는 인간으로서의 역사적 주체의 소산으로 이해된다. 이성은 역사적 이성이 된다. 그것은 인간과 사물의 기존질서에 비합리적 성격을 드러내는 현존의 사회적 세력을 위해 이 질서를 부인한다." 이와 같은 의미에서 인간은 역사적 존재로 이해된다. 인간은 단지 오늘을 사는 존재가 아닌 내일을 위해 이성적 기획과 투기를 감행하는 역사적 존재이다. 이성을 보유하고 있다는 것은 오늘에 만족하고 현재에 안주하기 이전에 내일을 상상하고 현재를 변혁해 나

가는 비판적 이성을 보유함을 의미한다.

2. 부정적 사유에서 긍정적 사유로:
   기술적 합리성과 지배의 논리

산업자본주의 사회의 다양한 상황과 모습들 속에서 표출되는 모순들, 부자유, 억압들이 소위 선진 자본주의의 '사회적 합리성' 또는 '기술적 합리성'의 이름으로 포장되고 정당화되면서 전체주의적 속성을 나타내고 있다. 또한 그 내부에는 정교하고 체계화된 체념의 논리가 숨겨져 있다.

"우리는 합리적이고 생산적으로 살다가 죽는다. 죽음이 삶의 대가이듯이 파괴가 진보의 대가라는 것을 우리는 알고 있다. 체념과 고역은 만족과 기쁨의 필수 조건이라는 것, 비즈니스는 지속되어야 한다는 것, 다른 선택 가능성은 유토피아적 추상에 불과하다는 것도 알고 있다. 이러한 이데올로기는 기성의 사회구조와 무관하지 않으며, 체제가 지속적으로 가능하기 위한 조건, 체제 합리성의 일부분이다."

이 시대 최고의 가치는 돈 버는 능력에 있다. 돈 잘 버는 사람이 유능한 것이고 선 자체이며 아름다운 사람이다. 그런 사람이 되기 위해서 필요한 것이 지식이고 기술이다. 지식과 기술을 돈 버는 가치로 환산하여 사회적 가치와 합리성으로 자리하게 하는 사회를 산업자본주의 또는 선진 산업사회라고 부른다. 유능한 사람이 되는 길은 그리 수월하지 않다. 오랜 교육이 필요하기 때문이다. 사람은 어릴 때부터 잘 훈련된 기술인이나 지식인이 되기 위한 제도적 교육과정에 진입한다. 교육을 받는 이유는 지식을 얻기 위해서, 지식을 얻으면 좋은 학벌을 얻을 수 있어서, 좋은 학벌은 궁극적으로 많은 돈을 벌 가능성을 제공하기에 유의미하다고 전제된다.

생존과 욕구 충족의 명목으로 개인의 기술적 활용을 포함한 경쟁원리는 더욱 정교해지고 가속화되며, "생존 경쟁과 인간 및 자연의 착취는 더욱 과학적이고 합리화되었다." 인간은 과학적 방법들을 통해 보다 효율적으로 자연을 지배하게 되었고, 그것을 정당화하는 개념과 논리를 만들어 왔다.

자연의 과학적 논리를 통한 지배의 대표적인 방식은 수량화이다. 자연과 물질영역 심지어 인간의 노동까지도 수량화하여 현실을 바라보는 모든 내재적 가치를 일률적 질서체계 아래에 둔다. 동시에 자연과 존재자의 모든 존재가치를 물질이나 양적 가치로 환산해 버린다. 과학이 자연의 존재 이유를 설명하더라도 그것은 자연을 궁극원리라든가 존재의 목적으로 전제하고 판단하는 어떠한 생각보다 우위를 점하게 된다. 관찰하고 측정한 계량적 가치를 최우선 순위에 두는 과학자들의 관점은 전통적 문화나 신앙, 종교, 철학 등 다양한 세계관이 중시하고 탐구해 온 다양한 관점들을 일거에 일소해 버리는 능력을 가진다.

현명하고 합리적인 인간은 이제 더 이상 이차원적 또는 다차원적 세계관의 불확실성 속에 혼란스러워할 필요가 없어졌다고 가르친다. 이제 과학적·기술적 합리성에 따른 일차원적 세계관에 몰입하면 된다. 그와 같은 의미에서 과학적 세계관은 기술적 합리성이 되며 선진 자본주의의 이념과 가치를 일차원적으로 관철, 실행하는 제도적 합리성이라고 불러도 무방하다. 가치를 객관화하고 양적 지표로 재분류하면서 기술적 합리성의 적용 범위는 무제한적이 된다. 현실의 다양성과 사람들의 삶에서 보여 주는 다의성을 전제로 하기보다는 복잡한 현상적 의미집단들은 거부되고 추상적이고 명확해 보이는, 증명 가능한 경제원리와 수치가 '초월적' 지위를 차지한다.

현실에 대한 긍정적 사유와 체념주의는 자본주의적 사회에서 동전의 양면과 같다. 산업자본주의 또는 기술산업사회라고 불리는 이 세상의 철칙은 모든 지식과 정보는 돈으로 환산될 때 유의미한 것이며, 자본으로의 환산 가능성이 그것의 존재 이유가 된다는 점은 비단 물건이나 자연적 경험 대상 외에 인간과 노동력에까지도 해당된다. 현실적 가치를 벗어나는 대상은 무의미한 공상이고 탈현실적 무가치 영역으로 간주되기 일쑤이다.

"탈현실화는 본성을 두고 볼 때 과학적 방법으로 증명될 수 없는 모든 관념을 포함한다." 인도주의적·종교적·도덕적 관념이나 가치들은 단순한 이상으로 치부해 버린다. 선한 것과 아름다움, 평화로움의 의미 등 현대사회에서 일어날 수 있는 모든 가치의 유형들이 과학적이고 합리적인 원리로 연역될 수 없다면 존중되거나 수용되지 않는다. 이것이 과학적 이성의 논리이다. 그런데 마르쿠제는 이 지점에서 하나의 역설이 성립된다고 설명한다.

수량화, 객관화의 대상만 유의미한 것으로 간주하는 과학적 이성은 오히려 실제적 객관영역을 무시하고 넘겨 버리기 쉽다. 객관화 가능한 정보와 내용의 대전제를 판단하는 데 주저하거나 망각하고 판단하기 쉽기 때문이며, 주관적이고 비실제적 대상이 하나의 가상현실로 등장할 수도 있기 때문이다. 이럴 경우 가상이 현실을 잡아 버리고, 주관성이 객관적 대상을 무력화시킨다. 이 두 지점은 서로 연계되어 있다.

하이젠베르크의 말대로 "우리가 수리적으로 입증하는 사항은 그 일부만이 객관적 사실이고 대부분은 가능성의 전망이다." 그러나 현대 과학과 지식은 알게 된 정보를 절대시하는 경향이 있다. 거기에는 그 정보의 효율성을 높여 자본의 축적 수단으로 활용하려는 의도가 깔려 있다.

과학적 합리성의 시대는 '구성적 주관'에 의해서 이루어진다. 마르쿠제는 구성적 주관이라는 개념에 대해 두 가지 관점으로 설명하고 있다. 첫째는 과학이성의 환원주의적 요소에 대한 의미이다. 과학적 논리의 중심이고 사유 주체인 현대인의 주관성은 근본적으로 논리성과 증명 가능성 즉, 인과적 법칙의 원리를 통해 납득될 수 있는 지식이나 관념 또는 논리적 분석력을 통하여 모순이 없는 대상만 의미와 가치의 대상으로 인정한다.

둘째로 구성적 주관성은 과학이성의 지평과 의미영역이 무차별적이고 광범위하게 확장되면서 가치 초월적 또는 가치를 부정하는 경향에까지 다다른다는 주장이다. 관찰자이자 감각적 체험을 통해 판단하는 주체인 구성적 자아가 초월적 지위를 갖는다. 철학적 경향에 있어서도 동일한 흐름이 반영되어 나타난다.

마르쿠제는 현대 철학을 대표하는 과학 철학이나 미국의 분석 철학적 경향들에 대해 비판적이었다. 그 이유는 현대의 많은 철학자들이 대체로 동의하고 있었던 철학의 실천적 기능의 복원 또는 그러한 방향성 아래 구체성으로서의 철학을 추구해 왔다면, 현대 철학을 대표하는 이들의 경우는 그렇지 못했다고 본 것이다. 대부분의 현대 철학자들과 마찬가지로 영미 쪽에 풍미했던 분석 철학이나 과학 철학 또는 실용주의자들까지 그들이 표방하고 있었던 철학적 지향점에 대해 전통 철학에서 보여 줬던 형이상학적 경향을 극복하고 관념적 요소의 한계에서 벗어나는 것으로부터 시작하고 있다. 그러나 마르쿠제는 실질적으로는 그와 같은 목표를 달성해 내지 못하고 있음을 비판하는 것이다.

오히려 현대의 과학 철학자들은 관념론적 요소와 투쟁하는 것처럼 보이지만, 과학적 인과논리를 바탕으로 한 "극단적인 공식화를 통한 자연의 관념론적인 개념에 위험할 정도로 접근"함은 물론이거니와 추상적인 관념 철학의 특징이 더욱 확장되어 나타난다고 보았다.

데카르트의 이원론에서 보여 준 세계의 본질에 대한 이분법적 태도는 과학 철학자들에 의해 물질적 요소뿐만 아니라 정신적 영역까지도 자연적 분석 대상으로 전락하게 되고, 과학과 기술의 힘을 빌려 교묘히 '일차원적' 자연으로 통합되어 등장한다. 이전에는 두 가지의 실체 개념으로 간주되었던 '자유'와 '연장' 즉, '사유하는 것res cogitans'과 '연장하는 것res extensa'은 연장하는 물질이 수학적 방정식으로 이해되고, 기술적 원리로 축소되면서 전통 형이상학에서 중시했던 '연장하는 것'의 독립된 실체적 성격은 상실되어 버린다.

과학과 기술의 전지전능한 역량으로 인해 인간과 자연의 대상화와 변형이 가시화되는 작금의 현실을 두고 볼 때 과학과 기술은 인간에 의해 만들어진 창조물이 사회의 총체적 관계성과 연결되어 그곳에 영향력을 행사하기에, 마르쿠제는 오늘날 기술이 '정치적 선험성'을 가진다고 주장한다.

바이츠제커C. F. von Weizsäcker가 주창한 바 있듯이 과학과 기술은 최초에 중세의 신화를 파괴하는 데에서 출발하고 발달하였던 것처럼 그 자체의 전개과정과 성과는 중립적일 수 없다는 데 마르쿠제도 동의한다. 오히려 오늘날의 과학은 그 자체로 신화가 되어 정치적 권력이 되었다. 미국 실용주의는 현대의 기술과 과학이 지배하는 현대사회에 최적화된 이념을 제공한다. 소위 실용주의적 과학은 기술시대에 최적화된 세계관을 제시하고 건축한다.

이들에게 있어서 물질과 자연은 중립적 처리 대상이 되

며, 그것들은 각기 그 자체 안에 목적을 갖거나 목적을 전제로 구성되지도 않는다. 탈역사적이며 탈정파적이라고 간주하는 대상에 현상적 가치나 현존하는 효용성을 최고의 의미로 이해하는 경향을 실용주의라고 보았다. 여기에서 효용성을 언급할 때는 과학적 수량화 기법이 절대적 준거로 활용된다.

"과학은 자연을 내재적 목적에서 해방시키고, 그것을 수량화 Verquantifizierung할 수 있는 질Qualität 이외의 모든 것을 제거했으나, 이에 대하여 사회는 인간들을 인격적 의존의 '자연적' 계급제도로부터 해방시키고, 그들을 수량화할 수 있는 질에 따라 —즉, 시간 단위로 계산할 수 있는 추상적 노동력을 단위로— 상호 연결시켜 준다."

수량화와 중립화Neutralisierung가 유익가치가 된 가치 부정의 과학과 기술문명의 새로운 유형이 긍정의 문화를 창출한다. 양화Quantifizierung 및 객관화Objektivierung 가능한 유형의 가치, 현실 속에 가치 환산이 가능한 대상에 대한 맹목적 추종이 마르쿠제가 지적하고 있는 일차원적 사회의 '규정성'이다. 과학적 합리성이 바로 주어진 객관적 현상이 실천적으로 모든 목적에 종속될 수 있는 단순한 형식을 취하고 설계한다.

과학이론이나 기술적 수단을 통하여 수치화하거나 개념들로 주어질 수 있는 것은 의미 있는 것이고, 객관화 가능한 것이 아닐 경우 무의미하거나 존재하지 않는 것으로 간주하는 것이 과학의 원리이다. 이러한 기조는 과학의 사회적 사용에 있어서 선험적 지위를 지니게 되었고 자연을 보다 효과적으로 지배하도록 이끌었다. 동시에 자연지배를 통하여 인간에 대한 인간의 지배를 더욱 효율적으로 달성하게 되었고 관련 개념과 이론적 전략들을 제공하게 된다.

오늘날의 지배구조는 특히 기술과 과학을 통해서뿐만이 아니라 기술과 과학이 그 자체를 영속화하고 확장한다고 생각된다. 아울러 모든 문화영역을 흡수하는 정치권력의 확장에 견고한 정당성을 부여한다는 것이 특징이다. 이와 같은 방식을 거치면서 기술적 합리성은 지배의 합리성을 보호하고 강화하면서 스스로 지배의 이데올로기가 되어 버렸으며 전체주의 사회가 되고 말았다.

모든 과학적 이론들은 그 본질에 있어서 응용과 실천이 연계되어 있다. 그것이 순수 과학과 수학적 명제라고 할지라도 궁극적으로 그것은 사회와 인간의 구체적 행위와의 관계 속에서 그 가치가 평가되는 것이다. 그것은 학문영역의 철저한 자율과 전문영역의 권한을 인정해 주면서 실제적으로 구현된다. 일종의 '상호 간섭적' 관계성이다. 모든 과학이론은 실천과 행위가 연계되어 있으나 각 학문영역의 충분한 자율성과 전문성을 보장해 줌으로써 성취될 수 있는 것이다. 이것이 이성적 합리성의 원리이다.

그러나 동일화 경향은 학문영역에서도 나타난다. 전문영역의 자율성 확보로 인해 학문영역은 비현실적 추상화로 치환되고, 실천적 의미와 현실적 가치는 학문이 권력과 자본의 도구로 전락하게 한다. 학문은 자본과 제도권력의 시녀로 전락해도 무방하다는 논리와 정당성을 고안해 내는 역할을 위임받는다. 추상화가 그 일반적인 전략이다. 가령 "물리학에서 추상은 필연적으로 논리와 수학적인 추상으로 환원된다.”

마르쿠제에 의하면 과학적 방법은 그 근본에 있어서 초
역사적·생물학적 기반에서 나올 것이다. 과학적 방법론
에 스며 있는 갖가지 추상화와 일반화를 통해서 보이는 과
학논리는 과학 이전의 논리, 즉 전과학적-기술적인 구조를
보존한다. 예를 들어 수학적인 엄밀성과 대체 가능성의 경
우 후설은 생활세계의 특수한 구체적 경험 또는 세계를 보
는 특수방식을 내포한다고 보았고, 세계를 본다는 그 행위
자체가 순수하고 공평한 행위이며 합목적적이고 실천적인
가치를 담고 있는 개념이란 부분을 말한다고 주장한다.

마르쿠제는 과학세계가 지닌 역사성과 시대적 관계성으
로 인해 그것은 현실적으로 정치적 속성을 지닐 수밖에 없
다고 진단한다. 특히 현대사회의 과학은 그 이전의 과학논
리보다 더 많은 객관적 타당성을 제시하고 그 존재가치를
입증하게 될 것이다. 특히 기술과 과학이 자연과 인간에 대
한 간섭과 통제를 강화하는 상황에서 “자연은 과학적으로
이해되고 정복됨으로써 생산과 파괴의 기술적 기구 속에서
그 재구성된 모습이 드러나게 된다. 그리고 그 재현된 자연

으로 인해 인간의 역할이 유지되고 때로는 개선되는 동시에 그들을 기구의 지배자 밑에 종속시킨다."

이와 같은 제도화된 생활세계에서 과학과 기술은 근본적으로 제도와 사회구조의 안정화에 기여하는 방식으로 기능하게 되며, 정적이고 보수적 역할을 수행한다. 원하든 원치 않든 과학은 사회적 기능의 일부가 되었으며 정치적 기능과 역사적 가치를 지닌다.

우리 시대에 기계에 의존하지 않고 사는 사람은 없다. 특히 세밀한 기능과 넓은 세력권으로 인해 개인의 일상과 모든 작업현장은 기계적 장치의 원리에 포섭되고 지배당한다. 지배의 원리와 정당화체계가 기술적 합리성이다.

개발원리 아래에서 개인은 어떤 지역이나 대상의 발전을 위해서, 인간의 욕구 실현을 위해서라면 응당히 재물이 되어도 무방한 '유용한 도구'가 되었다. 또한 발전논리로 인해 인간은 쉼 없이 기계를 돌리고 거기에 달라붙어 생산 장치의 원활한 작동에 기여해야 하는 책무를 위임받는다. 이와 같은 모든 현상의 배후에는 자연을 중립적 대상으로 간주하고 파괴나 생태계에 위협을 주는 어떠한 논리라도 정당화하는 논리가 존재한다.

인간의 욕구를 충족시키기 위한 논리와 가치가 전제되어 있었으나 실질적으로 그들의 욕구는 끊임없이 재생산되는 욕구 분출의 일상성으로부터 벗어나지 못하며, 인간은 그것을 마치 운명처럼 받아들이는 숙명론자로 둔갑한다. 인간이 기계적 장치의 도구로 전락한 것과 같이 욕구의 변형과 충동의 과잉현상도 극히 자연스러운 일상이 되어 버린다. 왜 일을 해야 하며, 왜 현재의 자기 자신이 보유하고 있는 물질욕이 당연한 것인지를 질문하는 것 자체가 사치로 간주된다. 이의를 제기하고 물음을 던지는 자는 비정상인이 된다.

현대인의 일상은 기술적 처리능력과 현존하는 욕구의 조절 및 처리 문제가 되었다. 그렇기 때문에 정치와 현대 기술문명은 깊은 연관성을 갖게 된다. 경제적 생산성이 결국은 정치적 관계와 지위를 결정하는 형국이 되기 때문이다. 권력과 정치는 자본을 통해 사육된다. 그로 인해 은밀한 관계와 거래가 가능하게 되었다. 기술의 본래적 기능 중 하나인 그 해방적 힘과 에너지는 인간과 사물의 도구화와 정치적 족쇄로 인해 억압되고 저열해진다.

"과학적 사유(혼란되고 형이상학적 · 정서적 · 비논리적인 사유의
반대편에 있는 것이라는 넓은 의미에서의 과학적 사유)는 자연과
학의 밖에서, 한편으로는 순수하고 자기 완결적인 형식주의
(상징주의)의 형태를 취하고, 또 한편으로는 철저한 경험주
의 형태를 취한다(그 대립은 모순이 아니다. 전자공업에서의 수
학과 상징논리와의 경험적인 적용을 보라). 기성의 언설과 행동
세계에 관해서는 모순이 없고 초월하지 않는 것이 공통분모
이다. 철저한 경험주의는 현대 철학의 이데올로기적 기능을
드러낸다."

경험주의적 사고의 한계와 문제는 경험한 것을 지나치게
일반화하는 경향이 있다는 점이다. 가령 식물성 사료를 먹
는 소에게 동물성 사료를 공급했을 때 그리고 동물성 사료
로 사육된 소를 도축해 그 조직에서 나온 성분들 중에 '과
학적'으로 경험할 수 있는 검사 자료들에는 문제될 것이 존
재하지 않았다. 문제는 그로부터 오랜 기간이 지난 후 동

물성 사료를 먹고 자라난 소를 잡아 햄버거를 만들었을 때 그것을 수시로 섭취하였던 영국의 한 젊은이가 광우병으로 쓰러진 후에 발견되었다. 광우병의 병원체인 BSE_{Bovine Spongiform Encephalopathy} 균이 검출되면서 모든 문제는 동물성 사료로부터 시작되었다는 사실이 밝혀진 것이다.

마르쿠제는 기술적 합리성의 근저에서는 제한된 경험, 비판적 이성이 사라지고 망각적 특징을 갖는 과학주의와 현실긍정주의의 경향을 갖는다고 주장한다. 그에 따르면 이 배후에는 제도적으로 교묘히 구성되어 개인을 옴짝달싹 못하게 하는 가공할 만한 정치적 힘이 있다. 이는 폭력적이고 비합리적이다. 인간의 삶을 보존하고 자유로운 욕구를 구현, 계승하는 원리로서의 합리성과는 다른 것이다. 고로 제도적 합리성이자 비합리적 합리성이다.

3. 긍정적 사유의 승리: 일차원적 철학

마르쿠제는 우리 시대의 철학, 특히 현대의 후기 자본주의적 사회 속 구조적 문제의 책임이 현대인과 사고방식의 긍정주의적 성격에 있다고 보았다. 또한 현대 철학은 사람들이 일상에 순응하고 무비판적으로 반응하는 '일차원적 인간'을 양산해 내는 정당성과 논리를 제공하고 있다고 보았다. 마르쿠제에게 있어서 이성은 역사적 가치를 담지하고 구체적 삶, 사회적 현실 안에서 그 역사적 의미를 구현해 가는 '사회적 실천 행위'이다. 진리는 단순히 형이상학적이거나 일정한 조건 아래 주어지는 논리적 타당성의 충족을 도출해 내려는 것이 아니다. 그보다는 이론 및 구체적 실천을 전제로 현상적 삶의 세계에서 드러나는 모순에 대하여 지적하고 '비판'하는 '부정의 힘'인 것이다.

마르쿠제에 의하면 현대 철학에서의 궁극적인 목적은 사회적 삶에 나타나는 다양한 위기와 모순 관계를 극복하고 치유하는 '치료법'으로서의 역할을 하는 것이다. 즉 사회적 실천이다. 이를 용이하게 하는 것이 '언어분석'이다. 언어분석은 형이상학적 관념의 혼란으로부터 사유와 언어를 치유한다고 보았다. 일차원적 인간에게 나타나는 사유방식의 전형은 긍정주의적이고 실증주의적인 경향에서 나타난다. 일차원적 철학과 사유체계의 결정판이라고 볼 수 있는 사상이 실증주의 철학이라는 것이다.

언어분석에 모든 철학적 행위의 의미를 전가하는 이들은 언어분석의 치료적 기능을 좀 다른 관점에서 접근한다. 분석 철학이나 신실증주의자들에 의하면, 사유하고 언어를 사용하는 데 있어서 애매하거나 상상력을 통해 추론할 수 있는 각종의 불명확한 언어를 제거하는 것이 언어의 치료적 기능의 주요 요건이다.

이차원적이거나 다차원적인 사유의 기능을 제거하고 부정적이거나 초월적 요소들을 일차원적 차원으로 단일화하는 것이 실증주의자들의 언어분석이다. 이들에게 언어는 의미의 집합체이고 행위를 이끌고 사유를 지배하는 단초이다. 그리하여 마르쿠제는 언어분석을 통해 오용되거나 바르지 않은 경로의 사유체계는 비판, 교정될 수 있다고 생각한다. 비과학적이고 마술적인 언어, 애매한 점과 환상 또는 기이한 것에 사로잡힌 언어와 사유방식을 철학적으로 분석하고 치료해 냄으로써 철학의 치료적 기능을 회복하고 형이상학적 불명확성에서 벗어나게 된다는 것이다.

정확한 사고, 형이상학적 유형과 무의미한 개념들로부터

의 해방이 그 달성 목표가 될 것이다. 언어분석은 철학으로 그 나름의 현실에 대한 태도를 정의한다. 그것은 주로 초월적 개념들의 정체를 폭로하는 데 관심을 둔다. 인식은 사실의 경험에 의해서 유효화되고, 자연과학의 인식적 사고가 명석성과 정확성의 표본이라고 주장하는 실증주의는 모든 형이상학, 선험주의, 관념론을 퇴보적 사유방식이라고 비난한다.

주어진 현실이 과학적으로 파악되고 변형되는 만큼, 그리고 사회가 산업화되고 기술화되는 만큼, 실증주의는 사회에서 그 개념의 현실화 매체를 갖는다. 철학적 사유는 긍정적 사유가 되고 철학적 비판은 사회적 틀 안에서 이루어지며, 비실증적 개념들은 단순한 사변 혹은 환상에 불과하다고 배격한다.

진술세계에 있어서 직관세계는 도구성으로 변형된다. 도구적 세계 밖에 놓여 있는 많은 것들이 과학과 기술적 진보의 극단적 신뢰를 등에 업고 재해석된다. 이전에는 진정한, 넓은 의미의 합리성 범주에 포함되었던 부분들이 이제는 그것들이 형이상학적 성향을 지닌다고 판단될 때 비합리적이고 비과학적인 것, 즉 무가치한 것으로 치부된다. 이성은 초월적 가치를 부정하고 불신하며 배격한다. 철학자들은 철학의 비효율성을 문제시하며 마치 기존 현실에 적응하라고 외치는 듯하다.

마르쿠제에 의하면 실증주의적 경향에서는 "반계몽주의적, 퇴행적인 사유방식으로서의 형이상학을 부정하고 선험론(초월론), 관념론과의 투쟁"을 구호로 내걸고 있다. 하지만 이 과정 속에서 객관화 가능한 과학적 지식과 과학적 증명 자료들에 대한 맹목적 수용의 단계까지 간 나머지 과학과 증명 가능성이 일종의 이데올로기가 되어 버렸다고 주장한다.

마르쿠제는 실증주의자들이 주요 철학적 과제로 지목하고 있는 언어분석 자체가 이데올로기적 속성을 지니고 있다고 밝힌다. 그 배후에는 생시몽에 의해서 처음 사용되기 시작한 '실증주의'라는 말 안에 이미 긍정주의적 요소가 내포되어 있는 것과 무관하지 않다고 보고 실증주의의 의미들을 다음과 같이 나열하고 있다: ① 인식적 사유를 사실의 경험에 의해 확증하는 것, ② 인식적 사유를 확실성과

정확성의 모델로서, 즉 자연과학적 방향으로 전환하는 것, ③ 지식의 진보는 이와 같은 방향성에 부합, 의존한다는 믿음이다.

실증주의적 사고체계를 동원한 언어적 치료 효과를 기대하는 경향은 사회 일반의 다양한 영역에서 나타난다. 사회학의 영역에서 연구자들은 공장의 노동자들의 활동과정에 생산성의 극대화 방안을 강구한다. 경험주의적 치료 효과는 이런 과정에서 접목된다. 노동자의 심리구조를 안정화시킬 수 있도록 이상현상을 억제, 교정하는 것이 기대 효과가 된다.

연구자들에게 있어서 이론은 곧 실천과 긍정적 결과를 염두에 두고 있으며 이론적 절차와 논리 자체는 긍정적 결과 즉, 즉물적 성과가 가시적 전제 안에서 유의미하다고 전제된다. 실증주의 이론의 전개과정에서는 보다 나은 경영방법과 안정된 기회, 효율성과 더욱 정밀한 현실적 대안을 최우선 가치에 둔다. 이러한 실증주의적 분석은 교정과 개선을 전제로 긍정적이고 유익한 논리를 가진다고 결론 맺는다.

마르쿠제는 자기부정의 경향으로 나타나는 실증주의적 철학이 사유의 중립적 경향과 직결되어 있다고 보고, 이 흐름은 결국 학문의 자멸을 불러올 것이라고 진단한다. 불합리한 현실과 모순된 사회구조를 대면하여 겸손해지고 긍정적이 된다는 점은 결국 현실에 대한 의존성을 확대하는 일이고 이성의 권한과 능력을 제한하며 자신의 가능성과 능력을 포기하는 처사인 것이다.

소위 철학의 빈곤에 대하여 아우성치는 산업자본주의의 현실에서 모든 의미 전도체로서의 개념과 언어는 부정적 기능을 포기하고 분석적 기능과 사회적 효율성만을 가치 있는 것으로 받아들인다. 이러한 실증주의 사유방식은 결국 기존의 철학적 빈곤사회와 현실적 논리에 굴복하는 결과를 빚는다.

사회는 그 사회가 구조적으로 소통되는 원리와 의미체계를 따르며 우리 구성원들이 그것에 순응해야 한다고 말한다. 철학은 실제로 사용되는 언어와 그 의미체계에 영향을 미칠 수도 없으며 현존 의미체계를 훼손하고 구조를 파괴하는 것을 일종의 퇴행으로 받아들인다. 마르쿠제는 이와 같은 현상을 관점의 일원화 또는 단층적 현상으로 파악하고 일차원적 사유의 특성으로 본다. 그는 언어분석을 위주로 한 실증주의 철학이 산업사회의 경제 중심주의와 만나면서 독특한 현대적 실용주의 관념이 형성되었다고 보았다.

일상 언어는 기존 사회의 지배와 통제, 예속구조 등을 반영하는 의미체계이자 상징화된 소통체계이다. 자본과 권력의 지배 아래에서 자유로울 수 없는 현실, 그리고 그와 같은 현실세계에서 가치와 의미의 세계는 자본력과 기술 또는 제도적 권력의 편에 있는 자들에 의하여 유도되고 이끌려 가는 것이 우리의 일상 언어에 투영된다. 정치가나 자본가 또는 노련한 사회분석가 등의 연구와 사회적 효용성을 염두에 둔 어떠한 전략이나 정책은 그들의 대변자 이상도 이하도 되지 못한다.

문화나 사회를 주도하는 제도적 권력 주체에 의해 사람들은 그들이 말하고 행동하는 것을 따라하며 사회적 필요성에 의해 개인의 개성, 사고체계, 관점과 같은 내밀한 기능을 헌납하고 그들과 동일시하도록 강요받는다. 자신의 생각을 말하고 있지만 그들은 자신의 사업주, 시혜하는 자, 광고주의 익숙해진 논리와 가치를 나의 언어인 양, 나의 생각인 양 말하고 욕구한다. 이러한 과정을 통해 사람들은 스스로 자신의 지식, 감정, 욕망 등 모든 가치를 동일화하고 자발적 종속의 가치를 대변하게 되는 것이다. 그들이 보는 TV 프로그램이나 라디오, 신문과 같은 여론 매체 안에 그들의 욕구가 투영되어 나타난다고 생각한다. 거꾸로 볼 때 그들의 욕구와 가치체계는 대중매체의 의미 전달체계 속에 깊이 빠져 들어가서 자아와 객체의 식별이 불가능해질 만큼 동일화되었다.

철학은 모든 사태를 주어진 상황에 예속시킴으로써 철학 자신의 빈곤을 자초한다. 이는 새로운 경험의 가능성을 불신하는 현상을 수반한다. 현존하는 사실과 그 질서에 복종하는 것은 예외가 없다. 현실적 엄존논리는 사회적 언어로 의미를 제공하고 그 의미체계 자체가 개인에게는 일종의 지시가 되며 복종과 수행의 명령을 수반하는 현실이 된다. 철학이 현실적 의미체계에 이의를 달거나 물음을 제기하는 것은 일종의 금기가 되어 버렸다. 언어의 실제적 사용에 관심을 갖기보다는 언어적 표현과 수행 여부만을 다룬다.

철학이 감당할 주제는 이제 전통적인 개념의 문제들 가령 선과 악을 규명하고 좋은 것과 싫은 것, 아름다움과 추함과 같은 본질적 주제를 다루기를 요구받지 않는다. 문제는 현재에 일어나고 있는 것 그리고 의미를 논하는 개념화 과정을 제거해 버림으로써 현존 가치와 논리를 고착화하는 새로운 형식의 이데올로기를 창출, 전달하는 논리로 철학이 기능하게 된 것이라고 마르쿠제는 지적한다.

일상적 진술 자체가 철학적 분석의 대상이 된다면 철학의 언어는 메타언어가 된다. 이때 만일 일상적 언어의 범주 안에서 주제화된다 하더라도 현상과의 대립적 요소를 함유하고 있을 것이다. 동시에 참된 구체성의 언어에 도달하는 과정에서 그 초월적 요소가 상정된다. 그러나 마르쿠제에 의하면 이 시대의 철학이 추구하는 정확성과 명석성은 일상적 진술과 표현의 세계로부터 자유롭지 못하게 되었다.

철학적 개념은 일상적 진술을 이해하는 데 본질적인 것인 외부적 현상을 미리 보여 줌으로써 그것을 전제하는 효과를 노리며 진리를 구하는 일은 단지 일상적 진술을 외부로부터 밝혀 주는 사실과 의미의 차원을 확증하는 것을 목표로 한다. 분석 철학의 이와 같은 속성은 철학의 비판적 요소나 정치적 속성을 제거해 버린다. 좋은 것과 싫은 것, 의미와 무의미, 사랑과 증오 등 개념에서 나오는 차별적 요소를 제거하는 현상과 맞물려 자유, 통치, 전쟁 등과 같은 무거운 개념들을 상대화 또는 조작하는 경향이 있다.

실증주의 철학은 이 영역의 접근을 막고 불온한 외적 요인의 침투를 차단하고 폐쇄적 성격을 지니며 자기 충족적 성향이 강하다. 이런 점에서 볼 때 유효하게 하는 논리가 명제의 모습이든 수학적 추론과정이든 간에 모든 술어는 정해져 있게 된다. 그와 같이 받아들여지면 초월적 성격은 소실되고 경험적 선험성을 갖게 된다는 것이다. 즉, 실증주의적 추론의 특징은 한편으로 명증성과 엄밀성을 강조하다 보니 경험세계에 대한 제한을 전제하기 때문에 경험영역을 떠난 선험적 판단이 가능해 보이지만, 다른 한편으로 볼 때 외적 경험 자료에 대한 방법론적 제한으로 인해 기존의 경험된 자료를 객관화하는 오류를 범할 가능성이 늘 존재한다.

이와 같이 정화된 형태의 경험세계는 긍정적 사유의 대상이 된다. 신실증주의는 애매성과 모호성을 갖가지로 탐구하고 해명하며 명석하게 만들지만 그것을 기존의 경험세계를 이루는 거대하고 일반적인 애매성과 모호성에 대한 해명으로 볼 수는 없다. 신실증주의의 비판점은 오히려 형이상학적 가치나 관념에 대한 반대에 주력하는 데에 있으며 그것은 형식논리학이나 경험주의적 관념의 판단 준거인 정확성을 중시하는 모습으로 나타난다. 이는 줄곧 어떠한 관찰 대상에 대하여 가치 절하의 결과를 초래하는 원인이 되기 쉽다.

문학이나 예술의 경우 시적 표현이나 상징화된 다양한 의미체계들을 논리적 타당성이나 정확성과 같은 유의 준거를 통해 판단하기 쉽지 않을 때 무가치한 것으로 분류된다. 또 하나의 경우는 신비주의적이고 비합리적 사태에 대하여 판단할 때에도 마치 이중진리설과 같은 추상적 사유방식을 통해 전적 수용의 태도를 보이는 경우이다. 주로 현실의 배후에 어떠한 가공할 압력과 권력이 그와 같은 대상의 가치를 분별할 기회를 박탈해 버릴 때 발생하는 사태이다. "추상적인 주체는 추상적인 객체를 규정한다."

신실증주의적 경향에서는 철학과 과학이 통합적 경향을 보인다. 마르쿠제에 의하면 철학과 과학의 분리는 일종의 역사적 사건이었다. 이는 아리스토텔레스 이래로 긴 역사를 갖는다. 아리스토텔레스의 문리학과 생리학이 철학의 전체적 통합체계 안에 편성되어 있었다고 한다면 르네상스 이후로 철학과 과학은 분리되기에 이른다. 인과적 타당성을 통해 자연과학적 분석 대상의 탐구를 주제로 삼는 과학과 달리 철학은 과학과 무관한 나름대로의 영역을 유지, 구축해 왔다.

철학의 세계에서는 허구나 유령, 환상과 같은 과학적 판단 가능성이 불가능해 보이는 현상을 탐구하여 왔고 나름대로 그것을 분석하는 방법론을 구상하고 유지해 왔다. 이는 한편으로 과학적 합리성의 한계를 보완하고 비판하는 관점을 제공하는 가능성으로 인정받는 길이기도 하다. 그러나 비트겐슈타인 이래로는 상황이 달라졌다. 특수한 철학의 차원과 방법론을 무시하거나 청산해 버림으로써 현대의 신실증주의는 철학의 빈곤화를 자초하는 길로 들어서게 되었다.

철학의 고유한 방법론을 상실하게 되면서 현대 철학은 이제 지나친 자의성과 단편적 분석의 틀에 의존하게 되었다. 이렇다 보니 사태 분석과 진리 추구의 길을 혼돈으로 떨어트리는 위험한 상황을 초래하게 된다. 마르쿠제에 의하면 경험 대상의 단편적 성향과 현존하는 경험적 자료의 맹목화가 이와 같은 상황을 더욱 강화하게 되었다. 객관화 가능하지 않은 표현이나 어휘들, 가령 감정을 표현하는 '쓰리다, 아프다, 두근거리다, 뒤틀린다, 근질거리다, 매스껍다, 콕콕 쑤신다, 충격적이다, 갈망한다' 등 복잡다단한 개념적 의미체계를 몇 가지의 단순한 의미군으로 분류해 일차원적 의미체계 안에 복속시킨다. 이런 경우엔 언제나 '허위의식의 제거, 무의미함의 해소, 비합리성의 극복'과 같은 실증주의적 관점과 논리가 전방에 나선다.

사회적 현실과 특히 제3세계의 구조적 모순 관계나 산업 사회의 노동자들의 비루한 상황을 대할 때에도 이와 같은 사회적 현안에 대한 관심과 문제의식은 몽상적인 것으로 치부되기 일쑤이다. 인류의 지나온 역사와 현존하는 사회

현실을 보정하거나 비판하는 어떠한 이상주의적 기대나 희망도 증명 가능하지 않고 가시적으로 객관화할 수 없기 때문이다. 마르쿠제에 의하면 선진 산업사회의 실상은 노동자들의 억압적 구조와 부자유한 상황을 비판했던 마르크스의 프롤레타리아 계급 해방에 대한 개념과 같은 역사주의적 의미를 모두 신화적 개념으로 환원시키는 데에서 나타난다. 인과적으로 해명 불가한 것들은 모두 신비롭고 기만적 성격을 지닌다고 분류한다.

마르쿠제에 의하면 오늘날의 신비주의적이고 기만적 성격의 문화는 오히려 역사주의적·선험적 의미와 가치를 포기한 결과이다. "오늘날의 신비로운 것들은 통제되고 억압되며 그 대신 생산적인 것으로 보이는 광고, 선전 그리고 정책적 홍보가 그 자리를 대신한다. 마술, 마법, 도취적 귀의 등은 가정, 상점, 사무소의 일상적 습관을 통해 실행되고, 합리적 성취의 이면에 있는 비합리성은 은폐되어 버린다."

합리적인 것이 비합리적이라고 일반화할 수는 없지만 사실의 정확한 인식 및 분석과 애매하고 감정적인 사유체계는 다른 차원의 문제를 안고 있다. 가령 명확한 분석 자료만을 신봉하는 합리주의자들의 논리 배후에는 그 합리성을 지지해 주는 경험적 자료나 논리가 전제되어 있다. 사실 경험과학적 사회학 이론이나 정치학의 통계, 측정, 실태 조사는 늘 합리적이진 않을 수도 있다.

가령 경험과학적 연구에 활용되는 설문지나 활용 자료들의 표본과 질의 문항 구성의 방식 또는 조사 대상의 성향에 따라 결과물은 전혀 다른 논리를 보여 주기도 한다. 경험주의적 분석 철학은 철학이 오랫동안 전통적으로 보존해 왔던 초월적 언어, 명쾌히 떨어지지 않는 개념들, 전통적 논쟁거리였던 보편자 개념 등의 신비로운 성격을 폭로하면서 일상 언어의 용어들을 이 시대의 현존하는 언어세계의 억압적 문맥 안에 방치함으로써 신비화한다.

신실증주의적 경향의 또 하나의 특징은 언어의 환원주의적 요소이다. 마르쿠제는 유의미한 것의 특징이 환원주의적 번역 가능성이라고 말한다. 우리가 어떤 생각을 해도 좋다. 그러나 의미 있는 그 사유체계는 전달될 수 있어야 한다. 전달될 수 있다는 것은 화자의 언어적 의미체계나 상징, 비유, 이미지 등이 대화자의 상징체계에 수용될 수 있어야 함을 의미한다. 전달 가능성은 곧 공유 가능한 의미체계를 상호 보유하고 있다는 반증이며 의미와 상징의 번역 가능성을 의미하기도 한다.

"우리가 시를 사랑한다. 그러나 우리는 당신의 시를 이해하고 싶고 당신이 말하는 상징, 비유, 이미지를 일상 언어로 해석할 수 있을 때만 당신의 시를 이해할 수 있을 것이다." 시인은 이제 더 이상 초월적 의미를 담은 글을 쓸 수 없게 되었다. 이제 전통적으로 인정되었던 시적 언어는 부적절하고, 무의미하고, 혼란스럽고, 해괴한 언어로 치부되기 쉽다. "의사소통이 사람의 머리 위를 넘어서서는 안 된다. 상식과 과학적 의미를 뛰어넘는 내용이 현학적이고 일상적인 언로를 저지해서는 안 된다." 일차원화된 사회의 단면은 언어 사용의 일차원성에서 나타나는데, 이와 같이 초월적 언어의 근절과 일상적 언어의 일반화로 정리될 수 있을 것이다.

이에 반하여 다차원적 언어는 표현과 의미의 체계가 다양하고 상호 중복적인 길항 작용이 일어나는 구조를 갖는다. 이를테면 그것은 첫째, 신문이나 일반 대중언론이 사회의 전체를 통제하는 이념이나 거대 조직의 대표자만을 대리하는 것이 아니라 사회 구성원의 사적 의도를 대리하는 기능을 하게 된다.

그렇지만 둘째로 그와 같은 개별적 의도나 가치가 개인의 의미체계를 충족하는 데 멈추는 것이 아니라 사회적 가치나 규범을 대리하는 것이 된다. 또한 셋째로 구성원들 간에 서로 다르기도 하며 모순되기도 한 개인적 의도와 초개인적 의미를 통합해 내는 특수한 지위를 갖는 사회, 그것이 일차원적 사회에 대응하는 다차원화된 사회이다.

4장
또 하나의 선택

1. 철학의 역사적 책임

철학이 추구하여 온 가치이자 철학적 활동의 의미는 진리의 추구이자 보편적 의미와 가치를 구축하는 일이었다. 그러나 기술산업사회의 독특한 외부적 압박과 다양한 철학사적 논의과정 사이에 공감을 형성할 합리적 대안을 도출해 낸다는 것은 매우 복잡하고 어려운 일이 되었다. 그럼에도 불구하고 보편적이고 객관적 가치를 인정받을 수 있는 진리의 획득이 오늘날 철학적 담론의 핵심 주제임은 이론의 여지가 없다.

이와 같은 현대사회에 살아가는 철학자들의 고민을 해결하기 위해 노력하는 과정에 신실증주의나 분석 철학은 실증주의의 전통을 이어받아 현대 사상의 주요 방향을 설정하는 중요한 역할을 수행하였다. 그들이 내건 우선적 과제는 철학적 담론에 있어서 합리성을 성취하는 일이었고, 이는 불명확성과 불확실성의 유령을 퇴치하는 일로 구체화되었다. 그렇지만 마르쿠제에 따르면 더욱 중요한 문제점은 오히려 분석 철학자들의 논리에 내재한 새로운 유형의 유령이라는 함정이다.

"현대 분석 철학은 정신, 의식, 의지, 영혼, 자기와 같은 '신화' 또는 형이상학적 '유령'을 몰아내려고 한다. 즉 이들 개념이 의미하는 바를 개별적으로 확인할 수 있는 조작, 실행, 힘, 기질, 성향, 기능 등에 대한 진술로 해소하려는 것이다. 그 결과는 기묘하게도 파괴성의 무기력을 보여 준다. 유령은 이 시대에도 여전히 출몰한다." 마르쿠제는 유령은 오히려 신실증주의자들의 철학에서 보여 주는 '현존하는 사태'에 대한 맹종이며 숭배라고 보았다.

이는 정치적 성격을 띤다. 산업자본주의 시대에 통용되

는 보편성 개념은 자본가치의 수량화된 표현의 한 방식에 불과하다. 이 시대의 학문 일반에 논리적 근거나 독립성이 실제로 존재하지 않는다고 말할 수는 없지만 사회 전체를 조작하는 개별적 힘에 한하여 볼 때 그것에는 의심스러운 부분이 있다. 보편 개념의 의심스러운 실체를 해소할 만한 요소는 여전히 미해결 과제의 상태로 머물러 있다는 것이다. 이와 같은 것들이 문제시될 때 이는 자본질서나 정치적 문제와 엮여 있는 경우가 적지 않다.

"보편 개념은 물상화의 다양한 정도와 양태를 표현한다. 그들의 독립성은 실재적이기는 하지만, 그것이 사회 전체를 조직하는 개별적 힘인 한에서는 사이비적인 것이다. 이 보편 개념의 사이비적 실체를 해소할 만한 번역은 여전히 하나의 절실한 요구이며, 정치적 요구이다."

마르쿠제에 의하면 진정한 유령은 현실세계 내에서 실로 강력한 실재적 힘을 갖는다. 개개인의 위치에서 분리되며 독립적이면서도 전체를 장악해 내는 현실적 정치권력인 것이다. 그리고 이 전체는 심리학에서처럼 단순히 지각된 현실이나 형이상학적 절대자의 모습으로 다가오는 것이 아니라 개개인의 일상을 지배하는 능력을 갖는다. 보편적 가치를 추구하는 그 배후에는 제한된 경험의 비밀이 드러나지 않는다.

보편적인 것은 경험의 일차적 요소이다. 그것은 철학적 개념으로서의 보편자가 아니라 사람들이 매일 대면하는 세계의 성질 그 자체인 보편자를 말하는 것이다. 경험에 있어서 일차원적 요소가 존재함과 동시에 경험이 갖고 있는 또 다른 속성은 초월적 요소이다. 경험의 요소들은 현실적 가능성과 개념적으로 전제하는 요소들에게서 개념적 종합원리에 복속되어 버린다.

정도의 차이는 있겠지만 철학적 판단의 자료를 제공하게 되는 경험은 행동의 세계와 구별되는 속성을 지니기에 비현실적인 측면이 강하다. 제한적이고 선별된 경험은 사태 파악이나 이론을 정립하는 데 이데올로기적으로 접근하게 한다. "현대의 분석 철학이 바로 이와 같은 경우에 속하는데, 미리 조건 지어진 빈약한 정신 개념을 해석함으로써 이 과제를 회피한다." 서양의 근현대 유럽사에 등장하는 역사주의의 유령도 이와 내용은 다르나 경험의 제한이라는 측면에서는 같은 오류나 왜곡 가능성을 함유하고 있다.

경험의 제한은 정신과 정신활동의 과정 사이에서 의식활동 또는 의식 자체에 긴장이나 갈등을 유발한다. 내가 어떤 사람의 마음과 경향, 가치에 대하여 말할 때 이러한 현상으로부터 나는 '소극적 형태로의 존재'가 되며 이것은 주어진 조건이나 살면서 겪는 사태에 대하여 자발성을 포기하도록 결정된 특수한 환경에 놓이게 됨을 의미한다. 궁극적으로 '나'라는 존재는 주어진 현실에서 살아가는 한 자유로운 개체, 자율적으로 판단할 능력을 보유하고 있는 자로서의 이성적 주체라는 측면에서 볼 때 극히 부정적 지위를 보유하는 것이다. 동시에 그것은 일종의 결여이며 현실 상황에 대한 무비판적이고 무력한 패배의식을 자인하는 태도에 처하게 되는 것이다.

마르쿠제는 학문의 역사성과 근현대사에 대두된 유럽의 역사주의는 별개의 문제라고 주장한다. 학문의 역사적 성격을 규정하는 조건은 각각의 경험 주체와 경험층을 통하여 일상생활의 잡다한 일들에서 과학과 철학에 이르는 다양한 사유방식을 유도하는 등 자유로운 시도를 한다. 이런 과정을 통해서 객관적 대상들, 또는 사회나 공동체의 구성원들 전체와 공유하는 세계 간의 상호 작용이 끊임없이 이루어지고 보편 개념의 객관적 타당성의 내용이 채워진다.

위의 과정을 통해 사실 하나의 경험세계의 이면에 존재하는 두 차원의 영역이 드러나는 것이다. 그것은 개별적인 것과 보편적인 요소들로 대립되며, 가능성과 현실성의 극복할 수 없는 차이가 존재하는 형태로 나타난다. 대립은 근본적 차이에 대한 구별이고 경험세계에서 숨겨진 본질의 모습이 드러나는 과정이다. 즉, 보편적인 것으로 드러나는 사태들은 실제로 현실화되는 동시에 대립적 속성의 감추어진 본질을 억압하거나 망각하게 하는 결과를 가져올 수도 있다.

마르쿠제는 근현대사의 유럽사회에서 보여 주었던 역사주의 현상 또한 경험의 제한과 이로 인한 논리적 모순의 함정을 벗어날 수 없다고 보았다. 대신 그 망령에서 자유로운 '새 사회'를 향한 역사적 투기에 대하여 마르쿠제는 다음과 같이 구체화하고 있다. 마르쿠제는 역사적 투기의 전제 요소는 형식주의나 이념적 가치에 부합되는 원칙의 제시가 아닌 '인간 삶의 양식과 관련된 것이어야 하며 생존의 실현'에 유익한 원칙을 제시해야 한다고 주장했다. 동시에 객관적인 역사적 진리의 표준이 합리적 규준으로서 정식화될 때는 '초월적 투기'의 형식을 수반한다고 보았다.

① 초월적 투기는 물질 및 정신문화의 수준과 현 사회의 개방성에 의해 달성된 가능성과 괴리되는 것이어서는 안 된다.

② 현존 사회구조의 총체적 양태가 다음의 세 가지 영역에서 보다 개선된 합리성을 증명할 수 있어야 한다. 첫째로 역사적 투기 안에 문명의 생산적 성과를 유지하고 개선해 낼 전망을 보여 줘야 한다. 둘째, 역사적 투기엔 총체성을 염두에 두고 있어야 한다. 셋째, 그 실현은 어떤 이념이나 가치의 구현 이전에 인간의 욕구와 능력의 자유로운 전개를 지향한다. 이를 위해 구축된 제도적 틀은 인간의 생존과 인류의 평화 회복을 위한 기회를 제공해 주는 것이어야 한다.

"보편 개념은 가능성을 전제로 사물의 개별적인 상황과 조건을 이해하기 위한 개념적 도구로 나타난다. 그것은 반역사성 또는 비역사성과 달리 역사적이면서 초역사적 성격을 지닌다. 그것들은 체험된 세계를 구성하는 소재를 개념화하며, 그 가능성을 실제의 제한, 억압, 부정에 겨냥하여 그 소재를 개념화한다. 경험이나 판단 등 어떠한 행위도 사적이고 개별적 개체의 사건이 아니다. 철학적 관념은 역사적 연속체 속의 일반적인 상황의식에서 형성되고 전개된다. 그들은 특정사회 내부의 개인적 입장에서 만들어진다. 사유의 소재는 그것이 철학적 또는 과학적 이론에서 아무리 추상화되고 일반적 개념으로 번역된 것이라 할지라도 역사적인 소재가 된다."

마르쿠제에게 있어서 '인간의 욕구와 능력의 자유로운 실현'과 '평화 회복'은 미래사회의 최고 지향점이자 최선의 덕목이다. '회복'이란 말에 담겨 있듯이 현존하는 사회가 직면해 있는 불안과 가난, 반목, 부조리함은 궁극적으로 위의 두 가지 덕목의 부재에서 시작된다. 즉, 역사성의 의미는 인간의 욕구나 능력의 자유로운 실현과 평화로운 사회의 구현에 담겨 있는 것이다. 이와 같은 의미에서 역사의 의미와 가치는 절대적 성격을 지닌다. 그러나 마르쿠제는 현존하는 사회가 모두에게 동등하거나 공정하지 않다는 점을 전제하고 상대적 요소가 존재한다고 언급하고 있다. 가령, "역사적 진실은 상대적이다. 가능한 것의 합리성은 현실적인 것의 합리성에 의거하고, 초월적인 투기의 진실은 현실화된 투기의 요소에 의거한다."

합리성은 때로는 진실을 은폐하고 때로는 들추어내는 역할을 하기도 한다. 이때 역사적 투기의 긍정적 역할을 위한 전제는 자유의 유무이다. 역사의 전개과정에서 당면하는 부자유의 현실, 지배권을 획득한 이 시대의 특권자들을 위한 자유가 아니라, 현실적 예속과 억압이 당연하다고 볼 수 있는 개연성으로서의 합리성을 부정할 수 있는 자유를 의미한다. 이는 매우 독특하고 대담한 자유이자 새로운 형태의 자유로 비쳐질 수 있다. 가령 어떤 자유라도 좋은 것이 좋은 것이라는 식의 자유가 아니고 주어진 현실에서 강요되는 필연성을 견딜 수 없는 고통이자 불필요한 것으로 이해하는 사람들의 자유이고 해방감이다.

역사적 과정을 주도하는 의식이 기성사회의 요구와 이해관계에 의해 결정되어서는 안 된다. 그것은 부자유한 의식이기 때문이다. 자유의 의식과 고차원적이고 진정한 합리성은 서로 맞닿아 있다. 현실적 생존논리나 왜곡된 제도적 합리성에 대항하는 자유이기에 이와 같은 의식은 '부정적 자유'를 내포하고 있다고 볼 수 있다. '부정적 자유'는 주어진 사실의 억압이고 이데올로기적 힘으로부터의 자유를 의미한다. 동시에 일종의 선험적 지위를 갖는 자유이다. 역사적 결정론 속에서 벗어나고자 하는 현존 사회구조에 대항하는 선택과 결단의 의지이자 욕구인 것이다.

"철학자는 스스로 생각하고 말하는 자이다. 그는 특정한 관점에 서서 말할 줄 알아야 하며, 사회에서 주어지는 사회적·역사적 현실과 맥락 속에서 말해야 한다. 그렇지만 그러한 과정에서 철학자는 사실과 가능성의 일반적 상황을 모두 전제하고 상상할 수 있어야 한다. 각각의 경험 주체와 경험층을 통하여, 그리고 일상생활의 영역에서부터 과학과 철학 영역까지의 다양한 사고방식을 유도하는 시도와 기획을 통해 집합과 개인의 대립이 상호 작용을 일으켜 해소되고 보편 개념의 객관적 타당성이 구성된다. 그것이 객관적 가치가 추인되는 절차이다."

2. 해방의 파국

마르쿠제는 현존하는 제도적 질서와 사회 현실에 긍정적인 관점을 드러내는 실증주의적 세계관에 대하여 비판적 관점을 견지하면서 현대문명의 극단화 경향으로 인해 초래하게 될 미래에 대한 예견과 진단을 내놓는다.

첫 번째 예상은, 합리성이 갖는 역사적 요소가 무시될 것이라는 점이다. 실증주의자들은 효율성과 산술적 타당성을 최우선 가치로 두기 때문에 사회적 의미나 역사적 가치를 규명하는 일에 관심을 두지 않을 것이라고 예상했다. 그들의 관심은 오히려 언어적 타당성이나 자본주의의 효율성을 증명하는 일에 있다.

둘째, 신실증주의적 경향은 사회의 관리와 통제의 효율

성을 극대화함에 따라 전체주의적 성격을 띠게 될 것이라는 점이다. 이로서 어떤 정치적 억압과 경제적 문제가 야기된다 해도 긍정적 사유로 이해하도록 억압받게 되었다. 일종의 억압적 관용을 강요받게 되기에 궁극적으로 불안정성과 부자유가 극대화되는 방향으로 진행되는 것이다.

이제 우리에게 필요한 것은 '비판적 사유'이다. 이를 통해 우리는 기성의 합리성 안에 내포된 비합리적 성격을 분류해 내고 우리 자신을 변혁할 능력을 배양해 낼 수 있다. 이는 한편으로 정치적 변혁을 의미하기도 하지만 기술적 변혁과 맞물려 있기도 하다.

동시에 마르쿠제는 기술과 진보가 신실증주의적 병폐를 해결할 일종의 출구 역할을 할 수 있다는 시각도 보여 주고 있다. 기술의 발달이 궁극적으로 사회의 질적 변화를 유도할 것이며, 기성의 기술이 파괴적 정치도구로 전락한 것에 반해 새로운 기술은 인류와 인간에 자유로운 욕구 구현의 꿈을 성취해 줄 유익한 방안이 될 수 있다고 장밋빛 기대감을 감추지 않았다.

질적 변화는 인간의 생존과 문화의 긍정적 발달 더 나아가 인류의 평화 회복에 기여하고 인류의 발전을 돕게 되리라는 긍정적 소망을 드러내었던 것이다. 기술의 진보가 가져올 미래는 현재의 기술적 합리성과 산업자본주의의 병폐로 드러나는 양적팽창주의의 현실이 파국에 직면한다는 것을 의미하기도 한다. 이는 지배의 합리성을 극복하는 일이며 과학적·양적 팽창주의의 상상력과 추상화와의 단절을 의미한다. 곧 예술과 과학의 새로운 통합이며 철학적 상상력의 회복을 의미한다. '이다'의 세계를 넘어 '이어야 한다', '의미한다'의 차원을 새로이 구축하고, 그 가치가 용인되는 새로운 지평의 세계를 열어 가는 일이다.

'기술산업사회', '기술'에 대한 문제를 단지 존재론적 문제가 아닌 사회적 가치와 그 문화적 사용에 대한 문제로 이해했던 마르쿠제는 기술사회의 비합리적 구조의 극복에 철학적 관심의 초점을 맞추고 있다. 그는 이런 시각을 『해방론』에서 보여 준다. 물질적 풍요와 부자유의 현실에 안주할 것을 자명한 것으로 요구하는 자본주의적 산업체계는 기술과 과학의 억압적 논리를 재생산해 내고 인간의 천성을 왜곡, 조작해 내고 있다는 것이다. 그리하여 '기술'이 자유와 해방을 지향하고 인간의 천성을 일깨우는 새로운 정치성을 회복해야 할 과제에 직면해 있다고 주장한다. 이는 억압과 왜곡된 욕구의 실존을 부정하려는 개인의 '위대한 거부 die Grosse Weigerung'로부터 형성될 수 있다. 이에 마르쿠제가 제시하는 '기술 행위'의 합리적 기반에 대한 몇 가지 원칙들을 정리해 본다.

첫째, 기술이 자본주의적 지배층의 유용한 도구로 전락하여 압제의 수단이 되지 않도록 하기 위해 사회적 개체들은 제도적 가치와 억압에 저항하는 반제도적 연대를 꾀해야 한다. 이는 정치적 운동이다. 특히 산업자본주의의 경제 논리가 개인의 실존과 일상생활의 전 영역을 장악하고 있는 한 이는 개인에게 막강한 억압으로 작용한다. 이와 같은 제도적 억압에 대처할 수 있는 대안으로서 문제의식을 공유할 사회·경제적으로 소외된 자들 간의 '연대'를 모색하여야 한다는 것이다. 이는 정치성의 부활이며 사회가 다양한 정치적 관심을 회복하는 길이다. 소외된 자들의 정치성은 제도의 틀 내에서 정치적 입지를 보장받고 확장해 나갈 수 있는 사회적 지배자들에 의해 수용, 통합되기가 현실적으로 불가능하기 때문이다.

둘째, 물질 만능과 욕구의 왜곡은 각 개인이 도덕적 사회의 미래와 역사의 발전에 무관심해지고 '순응주의'로 빠져들도록 종용하고 있다. 이에 대해 마르쿠제는 개인의 천성을 회복하기 위한 '위대한 결단'을 촉구한다. 이는 자신의 실존적 욕구와 경향성에 대한 거부요 부정이다. 마르쿠제는 이를 '참된 주관성의 회복'이라 말한다. 주관이성은 인간의 자연성이 갖는 주요한 특성이다. 그는 이를 통해 인간이 제도적 오리엔테이션 아래에서 어디로 향하는지 알 수 없는 익명성에서 벗어나 자신이 역사적 지위를 회복하고 현재와 미래의 사회를 위한 실천의지를 획득할 수 있다고 보았다.

마지막으로, 마르쿠제는 그 가능성이 인간의 '비판의식'의 회복 여부에 있다고 보았다. 현존재의 억압적 또는 쾌락적 구조를 대상화하고 그 안에 숨겨진 이데올로기와 정치적 전략을 문제 삼아야 한다. 현실세계의 논리에 소외되어 있는 이성의 비판능력의 부활은 '에로스적 충동'의 회복을 의미한다.

'에로스'는 근본적으로 생명을 유지하고 지원하는 동력이며 이는 그 어떠한 왜곡된 가치로도 대신할 수 없는 인류의 미래이자 능력인 셈이다. 마르쿠제에 의하면 에로스는 그 근본적으로 '타나토스'와 대립되는 개념으로서 생명에 대한 사랑이자 외경함에 그 특징이 있다. 이성의 근본적 천성이 바로 에로스이다. 생존하는 것은 고통스럽고 소외된 자들의 현실에 눈을 돌리는 의지이며 그 속에 뛰어들어 그러한 반생명적 현실에 저항하고 그것을 혁신해 내고자 하는 발아이다. 권력과 착취의 합리적 운용을 특성으로 하여 전개되는 현대 과학과 기술의 현상적 체제에서 벗어나 희망을 지향하는 도덕적·미학적 의식 그 자체이다.

5장
전 망

마르쿠제가 선진 산업사회를 보는 시각은 부정적이다. 근본적으로 인간과 자연, 현대문명 간의 소외된 구조는 매우 비합리적인 형태로 유지되며, 현대문화는 제도적으로 개인의 의식과 욕구를 조작하고 왜곡하는 폭력적이며 비인간적인 것이다. 이 사회에서는 사람의 의식과 사유체계조차도 부자유하고 일차원적 특징을 지닌다. 이와 같은 경향과 연계하여 마르쿠제는 현대사회의 미래에 대해 다음과 같이 예측하고 있다.

첫 번째로 마르쿠제는 이와 같은 사회적 변화가 '대규모의 생산력의 발달'을 가져올 것으로 예상하였다. 생산력을 이끌고 관리하는 주체는 일부의 대기업과 정치 세력이다. 그들의 필요와 요구에 따라 의식과 욕구가 조절되고 통제 되기에 일반 대중은 소외되며 자발적 억압 상태에서 살게 된다. 여하튼 경제 규모는 성장할 것이고, 그 경제적 활동 과 조직화된 구조는 비대해지며 체계화될 것이다. 인간은 생산 장치의 부품이 될 것이며 자연은 착취의 대상이자 수 단이 될 것이다.

둘째로 인간과 자연지배의 효율화로 자연정복의 확장을 예상하였다. 자연과학은 인간의 이성을 통해 자연을 대상 화하고 이해하는 데 그치지 않고 정복, 활용할 방안을 강구 하는 데 몰입한다. 존재하는 것의 본질적 가치와 의미는 경 험과학적 분석 가능성, 수량화 또는 개념화 가능성에 의해 환원된다. 객관화할 수 있고 양적 측정이 가능한 것은 존재 의 이유를 인정받지만 주관적 가치나 상대적 의미의 지평 은 무시되고 부인된다. 자연 역시 자연과학적 측정방식과 분석원리의 범주에 들어오지 못할 경우 비존재와 다름이 없다.

셋째, 더 많은 사람들의 욕구 충족구조가 구축될 것이다.

다수를 위한 사회라는 민주주의의 원리와 교묘히 맞닿아 있는 대중문화, 대중사회의 핵심은 대중에 의한 생산과 소비의 일상화에 있다. 기술문명을 통해 가능해진 대중사회에서는 대중문화의 지배적 권리가 대중 내부에 존재하지 않는다. 그것이 소외를 낳고 부자유의 원인이 된다. 풍요와 안락을 약속받고 누리지만, 행복하지 못하거나 모순된 사회를 경험하게 된다. 마르쿠제는 빈익빈 부익부, 억압과 고통이 수반되는 사회생활, 핵에너지 정책의 위험성과 같은 것들이 모두 사회의 비민주적 성격과 제국주의적 요소에서 기인한 것이라고 보고 있다.

마르쿠제가 미래세계에 대한 전망을 매우 비관적으로 본 것은, 산업자본주의의 비합리적 구조가 확산됨에도 불구하고 개인의 욕구가 조작되고 의식이 일차원화됨에 따라 일상적 시민에게 해방된 미래를 건설할 주체가 되어 줄 것을 기대하기 어려워졌기 때문이다. 동시에 사회적 억압과 통제가 교묘하고 정교해짐에 따라 현재의 문화 자체에 이 시대의 현실을 비판하고 거스를 만한 요소들은 소거되었다. 사회적 정화 기능을 수행해야 하는 대중매체, 교육, 심지어

가정은 이와 같은 산업기술세계의 총동원체계에 유효적절한 활용 수단들로 전락하고 있다.

이와 같은 현실은 현존하는 지배 수단과 제도를 수호하고 발전시키는 효과를 가져다준다. 이 과정에서 수단뿐만이 아니라 목적도 변형되는 결과를 빚는다. 소위 전체주의적 체제로 조직화된 생산성 위주의 사회는 이에 배치되는 그 어떠한 논리와 욕구도 무가치한 것으로 치부해 버린다. 무노조 원칙을 내세우는 모 그룹의 경우가 그 대표적인 경우가 될 것이다. 사원의 복지와 근무의 목적은 이제 더 이상 자신의 유익이나 부요를 위한 차원이 아니라 회사의 경영원칙과 기술의 합리성에 따라서 재구성된다. 인류의 진보와 역사적 해방이라는 전통적 가치는 이제 관념적 이상에 불과한 것이 되었다. 풍요와 안락을 이유로 해방과 자유의 비전과 가치는 폐기해 버린다.

생산성의 증거는 자유의 증가를 저지하고 오히려 상실을 돕는다. 자유는 안전과 교환되고 더 큰 풍요와 바뀌어 버렸다. 그 대가는 규제와 통제 또는 피지배이다. 기술과 과학이 발달하면서 사람이 기술문명의 이기를 사용하는 것이 아닌 인간이 기술적 도구를 위해 봉사하고 얽매여 살게 되는 우리의 현실이 이를 증명한다. 현대인은 거의 24시간을 기계의 작동 스케줄에 맞춰 생활한다. 지배와 통제는 관리와 정상화의 이름으로 이행되며, 대량생산과 소비가 가장 진전된 영역에서 정상적인 것으로 평가되며 합리적인 것이란 명목으로 이견들을 통합시킨다. 노동자는 기성 제도와 체제에 더 이상 저항하지 않으며 오히려 묵인하고 거기에 가담한다.

사회적 성공은 기업의 수익성에 달려 있고 개인의 행복과 성공도 기업의 성공과 동일시된다. 이와 같은 방식으로 현대 산업사회는 일차원적 성격을 지니며 그 반대파들을 흡수, 통합해 버린다. 이는 지배의 공식이다. 이에 대한 부정은 기존 체제에 대한 부정이며, 기존 체제는 생산성을 발전시키고 삶의 고통을 덜어 줄수록 비합리적이고 폐쇄적 성격으로 나타난다. 그러나 기술적 합리성 안에서 반대의 통합은 가상적 통합이나 표면적인 화해에 불과하며, 산업적 생산성의 힘과 그 억압적 사용 사이의 모순을 극복 또는 진정으로 화해시켜 줄 능력을 보유하지 못했다. 기술적 합리성 자체의 정치적 편향성이 그 요인이다.

그렇다면 해방과 자유, 진정한 합리성의 사회를 위한 대안은 없는가? 『일차원적 인간』에서 마르쿠제는 현 사회의 구조적 문제를 해결할 수 있는 구체적 방안을 제시하는 데에 주력하지는 않는다. 오히려 『해방론』이라고 번역된 다른 소책자에서 이 부분을 심도 있게 언급하고 있다. 사회적 해방과 일차원적 사회의 극복을 위한 해결책으로는 두 가지가 제시되었다. 그 첫 번째 사항은, 사회는 기존의 후기 자본주의사회에서 나타나고 있는 기술산업 자본주의의 속성과 그로 인해 구성된 소외되고 억압된 사람의 해방과 인간성 회복의 방향으로 개선되어야 한다는 점이다. 두 번째는 이와 같은 사회적 현실 속에서 현실을 문제로 받아들이는 능력을 보유한 자들에 의한 해방 가능성에 기대하고 있다는 점이다.

마르크스는 역사적 추진 세력으로서 노동계급을 지목하였고 그들이 혁명의 주체가 되리라 기대하였지만 실제로 후기 자본주의 체제에서 노동자들은 왜곡된 기술산업 체제에 의해 의식과 욕구의 변형을 경험하면서 그 혁명적 기능을 상실하고 보수화되었다. 그러나 그들은 여전히 사회적 하부체계를 형성한다. 그럼에도 이사회의 구조적 문제와 모순을 바라볼 관점은 잃고 말았다. 이들과 같은 부류에는 사회적 소외층 일반이 해당된다. 노동자를 포함해 인종과 피부색에 따라 학대받는 자와 착취되는 일상에 놓인 자들, 실업자 등이 이에 해당될 것이다. 이들의 의식은 길들여졌으며 조작된 문화적 환경 속에 순응하고 보수화되었지만 그들의 근본적 요구와 존재가치는 그 처지로 인해 혁명적 의미를 담고 있다. 가령 자유와 해방, 소외된 현재의 극복이란 것 등이다.

사회적 억압을 경험하는 그들은 체제에 반하는 말과 행동을 할 것이다. 거리로 쏟아져 나와 시위대에 합세하게 되고 기존 사회의 주도권과 권위를 부정하고 조롱하는 함성을 지를 것이다. 경기의 규칙을 거부하는 이단아와 같이 현존하는 가치와 질서를 부정하는 반항아들이다. 그들은 일상 속에서 제도적 보호를 받지 못하는 피해자들이므로 사회적 모순과 문제들에 대하여 제도에 항거하는 태도를 보인다. 그들은 가장 기초적인 인간의 권리를 요구할 것이다.

법을 넘어서고 경제질서에 역행하는 요구도 서슴지 않을 것이며 현존 체제에 항거하는 방식에 있어서 급진적이고 폭력적일 수도 있을 것이다.

혁명 가능성에 대하여 마르쿠제는 그리 희망적이진 않았으나 당시 미국과 유럽 등지에서 일기 시작한 베트남 전쟁 반대 그리고 권위주의적 문화에 대한 비판운동으로 확산된 대학생들의 학생운동 안에 내재했던 과격한 혁명정신과 역사의식으로 무장한 젊은이들의 새로운 감성에 기대하는 바가 컸다. 마르쿠제가 기대하는 혁명과 해방은 새로운 인간형의 출현을 의미하는 것이었다. 이런 새로운 인간은 기존의 욕구체계와 다른 심리적 · 의식적 구조를 보유하고 있는 자이다. 오늘날의 기술산업사회의 노동계급이 지배계급의 욕망을 그대로 답습하고자 한다면 그들은 새로운 인간형에 속하지 못할 것이다. 현재적 삶의 욕구 충족 구조와의 단절 없이는 혁명적 인간형이 탄생할 수 없기 때문이다.

마르쿠제는 당시 젊은 대학생이 사회적 모순과 불평등, 부조리에 대해 지적하고 분개하였다고 보고 그들을 새로운 인간형에 가까운 존재로 언급하기도 하였다. 그들은 사회를 경험하지만 아직은 기존의 사회구조 안에 내재하고 있는 억압구조를 내부에서 체험하고 있지 않기에 거리를 두고 객관적 시야를 보장받을 수 있다. 마음과 욕구의 간극은 새로운 감성을 허락하고 창의적이며 순수한 새로운 감성을 보존한 채로 혁명적 삶을 영위할 수 있게 한다는 것이다. 오늘날의 대학생과는 질적·문화적 차이가 있던 1960년대의 대학생에 대한 기대가 적지 않았던 마르쿠제였다.

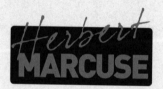

Herbert
MARCUSE